Heinrich Christian Boie

Göttinger Musenalmanach auf 1770-1772

Heinrich Christian Boie

Göttinger Musenalmanach auf 1770-1772

ISBN/EAN: 9783743416154

Hergestellt in Europa, USA, Kanada, Australien, Japan

Cover: Foto ©ninafisch / pixelio.de

Manufactured and distributed by brebook publishing software (www.brebook.com)

Heinrich Christian Boie

Göttinger Musenalmanach auf 1770-1772

№ 64/5. Neue Folge No. 14/15.

Deutsche Litteraturdenkmale
des 18. und 19. Jahrhunderts
herausgegeben von **August Sauer**

GÖTTINGER
MUSENALMANACH AUF 1772

HERAUSGEGEBEN

VON

CARL REDLICH

LEIPZIG
G. J. GÖSCHEN'SCHE VERLAGSHANDLUNG
1897

Vorbemerkung.

In dem vorliegenden Neudruck des dritten Göttinger Musenalmanaches ist zunächst Seite 1 der auch im folgenden Jahrgang wiederkehrende Stichfehler Dieberich statt Dieterich beibehalten. Aenderungen sind:

Seite 5 (6 No. 3, Zeile 3) Das statt Daß
" 7 (9 No. 4, Zeile 47) Hügeln, statt Hügeln
" 9 (15 No. 8, Zeile 7) nicht. statt nicht,
" 10 (17 No. 8, Zeile 33) wüst statt wüßt
" 11 (20 No. 8, Zeile 68) mir. statt mir,
" 14 (25 No. 11, Zeile 22) führt, statt führt
" 16 (28 No. 14, Zeile 23) geliebkost statt geliebkoßt
" 17 (32 No. 14, Zeile 80) aufgelösten statt aufgelößten
" 20 (39 No. 17, Zeile 67) gebrochen, statt gebrochen
" 30 (59 No. 26, Zeile 53) wehren, statt wehren;
" 31 (60 No. 26, Zeile 82) begeistern, statt begeistern
" 31 (61 No. 26 Anmerkung) H., statt H.
" 38 (75 No. 33, Zeile 44) Starbst statt Starb
" 57 (115 No. 54, Zeile 49) nachzuspüren; statt nachzuspüren
" 61 (128 No. 58, Zeile 6) werden! statt werden?
" 72 (144 No. 68, Zeile 24) uns statt aus
" 78 (157 No. 74, Zeile 3) Klagen, statt Klagen
" 92 (185 No. 90 Titel) *Pied* statt *Pied*.
" 101 (202 No. 99, Zeile 99) vergißt statt vergießt
" 108 (215 No. 106, Zeile 119) irrte, statt irrte
" 113 (223 No. 111, Zeile 18) Echo statt Eccho
" 113 (224 No. 111, Zeile 32) mächtgen statt mächtchen
" 116 (230 No. 113, Zeile 3) diesen statt diesem

ausser den hinter dem Inhaltsverzeichnis aufgeführten Druckfehlern. Was das Register selbst angeht, so ist bei seiner Drucklegung die Behandlung der vorigen Jahrgänge massgebend gewesen.

Hamburg, 18ten April 1897.

Carl Redlich.

MVSENALMANACH

MDCCLXXII

GŒTTINGEN
BEY I. C. DIEDERICH

(Gestochener Titel von J. W. Meil.)

[Voran gehen 16 Blatt Kalender.]

[1]   [Vignette.]

1   Ode
an die Könige.
1760.

Soll wieder eine ganze Welt vergehen?
Bricht wieder eure Sündflut ein?
Und sollen wieder alle Tempel und Tropäen
Berühmte Trümmer seyn?

5 [2] Und alle Künste spät aus Asch und Moder,
Und Todtengrüften auferstehn,
Und aus der Nacht des regellosen Zufalls? oder
Auf ewig untergehn,

Wenn nun die weise Vorwelt ausgestorben,
10 Das unerzogne Kindeskind
Ein Räuber ist, die nicht zu Räubern angeworben
Armseelge Pflüger sind? — —

O ihr, verderblicher, als der entbrannte
Vesuv, als unterirdische
15 Gewitter! Ihr, des magern Hungers Bundsverwandte,
Der Pest Verschworene!

[3] Die ihr den schnellen Tod in alle Meere
Auf Donnergaleonen bringt,
Und, von Lisboa bis zum kalten Oby, Heere
20 Zum Wechselmorde bingt!

Und ach! mit Deutschlands Bürgern Teutschlands Bürger
Zerfleischet, Einen bessern Held,
Der Brennen weisen König, zu betrüben — Würger
Der Welt und Afterwelt!

Wenn eurer Mordsucht einst ein Friede wehret, 25
Der jedem das geraubte Land,
Und seine bangen Vesten wiedergiebt, verheeret,
Entvölkert, abgebrannt;

[4] Ihr Könige, wie wird es euch nicht reuen,
(Wo nicht die fromme Reue fleucht, 30
Durch Wohllust, falsche Weisheit, laute Schmeicheleyen
Des Höflings weggescheucht,)

Daß euer Stal unmenschlich Millionen
Urenkelsöhne niederstieß,
Und keiner, satt des Unglücks, seine Legionen 35
Das Blutfeld räumen hieß!

Und lieber, schuldlos tapfer, durch die Wogen
Des stillen Oceans den Pfad
Gesuchet, eine Welt entdeckt, — ein Volk erzogen,
Wie Manko Kapak*) that, 40

[5] Der neue Schöpfer seinerВатererde!
Er theilte Feld und Binsenhaus,
Und Weib, und Kleib, und Zucht, und Götter einer Heerde
Zerstreuter Wilden aus:

Und hieß dem frommen Volk ein Sohn der Sonne, 45
Gleich milde, wachsam, so wie sie,
Und, so wie sie, des neugebornen Landes Wonne,
Und ewig jung, wie sie.

Ramler.

---

*) Der Stammvater der Könige von Peru.

2. Sibylla ein Schwan.

Sibylla ist ein Schwan. — Wie? — Höre den Beweis:
Schwarz ist des Schwanes Haut, und sein Gewand ist weiß!
Dr.

3 [6] Das Vergnügen.

Es gleichet das Vergnügen einem Kinde,
Das uns die lange Zeit versüßt;
Das man entzückt in seine Arme schließt,
Ob man ihm gleich, an welcher Linde
5 Es einst gebohren ward, nicht aus den Augen liest.
Was mich betrifft, ich küß es, wo ichs finde;
Und rathe jedem wohlgemeynt,
Er küß es ebenfalls geschwinde,
Und herzlich, wann es ihm erscheint.
10 Nur grübl er nicht zu viel, wenn es gefallen sollte,
Wer seine Eltern sind. Es ist dem Grübeln feind,
Und fliehet dann gewiß, und weint.
Entflohe Psychen nicht der allertreuste Freund,
So bald sie ihn beleuchten wollte?
O.

4 [7] Frühlingslied.

Von wannen kömmt der süsse Schall?
Bist du es, Melodienreicher,
Du Bardenvogel, Nachtigall,
Der mich aus meiner Höhle ruft? —
5 Wenn du es bist, so ist der Schnee zerronnen,
So ist der Lenz mit seinen Wonnen
Im Feld und in der Luft.

Er ists! Heil mir! Die Seele
Des Jahrs ist ihrer Todesbanden los!
10 Heraus, heraus aus deiner Höhle,
O Barde, wo der Winter dich verschloß!

Reib dir das Auge hell;
Beflügle deinen Schritt;
Heraus, und nimm die Bardenharfe mit!

[8] In meines Felsens Höhle,
Des Lebens satt, und kaum des Lebens werth,
Lag ich, mit trägentschlafner Seele,
Auf weichem Moos in meiner Höhle;
Mich fütterte der Knecht, und wärmte meinen Heerd.
Aussen war der Schmuck der Felder
Vom Sturme glatt hinweggeraubt;
Jeder Ast der Wälder
Mit Zapfeneis und Flockenschnee belaubt;
Und selten blinkte durch die Nebeldecken
Der späten Sonne Blick;
Bald zog sie, wie voll Schrecken,
Sich hinter ihre Gebirge zurück.
Da scholl durch die einöde Hayde
Hungriger Wölfe Gebrüll;
Da schwieg das frühe Lied der Freude,
Die Saiten meiner Harfe schwiegen still:
Einsamkeit und Trauer
Machten um mich her ein Grab,
Und mir war, als käm der Schauer
Des Todes über mich herab.

[9] Aber die Nachtigall ruft;
Es keimt das Feld, es glänzt die Luft;
Milde Sonnenstralen schweben;
Blumen bringen hervor;
Und mit freudigem Leben
Ringt sich mein Geist empor!

O laßt mich, laßt michs ganz erquicken
Der balsamirten Lüfte Wehn!
Laßt mich das erste Veilchen pflücken,
Daß mein' entnebelten Augen sehn!

O daß ich, wie auf Schwalbenflügeln,
Im Nu, vom Thale zu den Hügeln,
Von da mich hoch zum Himmel dürfte drehn,
Um überall die Höhen heiter,
50 Die keimenden Wälder, die Berge voll Kräuter,
Die rieselnden Bäche zu sehn!

[10] Hervor, hervor wie diese Sprossen,
Du jugendliche Schaar!
Gieb, Jüngling, deinen giergen Rossen
55 Die ersten zarten Blumensprossen,
Und schärfe deinen Spieß, und knüpfe dir das Haar.
Dann merke, wo die Ehre winkt,
Und horche, wo der Bogen klingt,
Und sammle dir in deinem Lenze
60 Des Ruhmes ewig frische Kränze!

Oder, hörest du die schönen
Bardenlieder lieber tönen;
So mußt du dich
Der Weisheit heiligen, mit Eichenlaub dich krönen;
65 Dann tritt zum Barden hin und sprich:

„O weihe du mir eine Harfe,
Und unterweise mich darauf,
Daß ich, was reizend ist, besinge,
Vom Lenze bis zur Tugend hinauf!
70 [11] Daß ich nicht, wie das dumme Thier,
Auf diesen bunten Auen spiele,
Nicht dieser Eiche Pracht, nicht dieser Blume Zier,
Und keinen Dank, und kein Entzücken fühle.
Drum schenke mir der Weisheit Lehre,
Weil ich noch lernen kann:
Damit die Enkelwelt einst meine Lieder ehre;
Noch mehr, den guten greisen Mann!"
Der Barde Rhingulph.

5 **An Thersites.**

Du, den nicht Gott, nicht Hölle zittern machen,

Therſit, bu fürchteſt mein Gedicht?
O fürchte nicht! Ich kann wohl über Thoren lachen,
Doch Böſewichter ſtraf ich nicht.

S.

[12] **Lalage.**

Durchzeuch, o Flora, nicht die Fluren
Die dieſe junge Göttinn ſchmückt,
An allen Orten, wo ſie Spuren
In den bethauten Boden drückt!

Sie kömmt, weit reizender geſchmücket,
Mehr Blumengöttinn noch als du;
Die Thäler lachen ihr entzücket,
Es jauchzen ihr die Wälder zu.

Die Roſen öfnen ſich geſchwinde
Vor ihrer neuen Königinn,
Die Liljen ſchicken durch die Winde
Ihr ihren reinſten Weihrauch hin.

Sie neiget ſich, ſie pflücket Nelken,
Und jede wünſcht gepflückt zu ſeyn.
An ihrem Buſen zu verwelken,
Wer gienge dieſen Tod nicht ein?

[13] Itzt, itzt betritt ſie das Geſtade;
Neugierig hebt aus dichtem Rohr
Die ſchlanke badende Najade
Erſtaunt ihr träufelnd Haupt empor.

Der Waldſtrom hemmt der krauſen Fluten
Beſchäumten, ungeſtümen Lauf,
Und nimmt in ſpiegelglatten Fluten
Ihr himmliſch ſchönes Bildniß auf.

Pandions Tochter hält geſchwinde
Mit ihrem ſüſſen Singen ein,

Daß sie der Göttinn Lied empfinde;
Ganz Ohr ist der verstummte Hain.

War dieses Flora? Stand Cythere
Am Ufer? Sang Calliope?
Sinds Träume, was ich seh und höre?
Nein, Götter! Es ist Lalage!

von Bißmark.

7 [14] An einen Freund.

Dein Leben gleiche dem Liede
Der Musen im Rosenhain;
Es tanze dahin, wie jugendlicher Friede,
Bey heiterm Sonnenschein!
5 Und sollt ein Wölkchen vielleicht
Den blauen Himmel schwärzen;
So werde deinem sanften Herzen
Der Kummer leicht!
Und deine Klage, sey die Klage
10 Der kleinen Nachtigall,
Die zu dem schönsten Frühlingstage,
Zu süsser Flöten Schall,
Nach einer kurzen finstern Nacht
In grünen Zweigen wieder erwacht!

N.

8 [15] Daphnis und Phyllis.
Eine Idylle.

Phyllis.

Nun heute sollst du mir, bey allen Göttern! nicht
Entwischen, Daphnis! Schön ist dieser Abend, schön
Das Saatenfeld, ein grauer Nebel schwimmt darauf;
In seiner Höhle schläft der immerrege West,
5 Der Himmel lauscht, die Erde lauscht, und hier
Am Fusse dieser Weyden blähet sich
Ein weiches Rasenbett: mehr braucht es nicht.

Was zögerst du? Ich lasse dich nicht los,
Ich halte dich, ich bitte dich, und du mußt singen.
[16] **Daphnis.**
Ich kann nicht singen, Phyllis!
Phyllis.
Du kannst nicht? O, so kann ich dir
Auch keine Küsse mehr auf deine Lippen drücken,
Um deine Stirne keinen Kranz
Mehr winden, keine Blumenkette mehr
Um deinen Hirtenstab! Myrtill ist wohl so schön
Wie du, und sänge mir, wenn ich es haben wollte,
Den längsten Sommertag hindurch
Vom Morgen bis zum Abend vor.
Nun, weil du mich verschmähest, will ich gehn,
Ihn suchen, bitten, daß er singen soll,
Und dann dies Körbchen, das ich dir
Geflochten, geb ich ihm, und einen Kuß dazu,
Der süsser ist zu tausendmalen,
[17] Als Syracuser Most, und Honig, den
Der kräuterreiche Hybla zeugt.
Ich dächte doch, du könntest singen, Daphnis?

Daphnis.
Nun ja! ich kann; weiß ich denn aber, was
Ich singen soll? Ihr guten Mädchen meynt,
Man sey auf jeden eurer Winke
Zum Singen aufgelegt; die Worte flössen dann
Von unsern Lippen, wie im jungen Lenz
Geschmolzner Schnee von allen Bergen fleußt.

Phyllis.
Als wüst ichs nicht, zu stolzer Hirt!
Daß du der Liebling des Apollo bist;
Als wüst ichs nicht, daß dich der Musen Chor
Von deiner Wiegen an erzog.

[18] O, möchtest du es selber nur nicht wissen,
Du würdest minder ungefällig seyn;
Doch alles, alles will ich dir vergeben,
40 Wenn du nur singst.

          Daphnis.
So muß ich denn, unwiderstehliche,
Geliebte, kleine Schmeichlerinn,
So muß ich singen? Höre denn ein neues Lied,
Das Hymen jüngst in einer schönen Sommernacht
45 Mich allgefällig lehrete.
Noch hab ichs nicht gesungen, noch
Verschwieg ich es dem Wiederhall,
Des Haines Nymphen, und dem neubegiergen Faun,
Der einen schönen Becher mir, ein Meisterstück
50 Von seiner Hand, umsonst dafür gelobete.

[19] Ich kenn ein glücklich Paar;
Die Götter kennen es mit mir.
Cythere gäbe den Adonis
Für meinen Lycidas:
55 Adonis hätte nie verwegen den Gefahren
Der wilden Jagd getrotzt,
Hätt eine Doritis mit süssen Tändeleyen
Sich seinem Eifer widersetzt.

Ich kenn ein glücklich Paar;
60 Die Götter kennen es mit mir.
Von immer neuer Liebe glühet
Des edlen Jünglings Herz.
Jedweder Tag entdeckt an seinem süssen Kinde
Ihm einen neuen Reiz,
65 Jedweder Morgen facht in seinem schönen Herzen
Ein neues Liebesfeuer an.

[20] Ich kenn ein glücklich Paar;
Die Götter kennen es mit mir.
Jedwedes Wort von seinen Lippen

Ist ihr ein Götterspruch,
Jedweder froher Blick aus seinen sanften Augen
Erweitert ihr das Herz:
So blüht die Rose weit mit göttlichen Gerüchen
In Titans jungen Stralen auf.

Ich kenn ein glücklich Paar;
Die Götter kennen es mit mir.
So oft das liebestrunkne Mädchen
An seinen Lippen hängt,
Ihn ihren besten Freund, in ihren weiten Triften
Den schönsten Hirten nennt;
So oft empfind ich es, welch eine Götterfreude
Der Fülle meines Glückes fehlt.

[21] **Phyllis.**

Nun, Daphnis! Ja, das Lied ist schön, das Körbchen dein;
Allein den Kuß, den kann ich dir nicht geben, nein!
Ich kann nicht — — Nun, was stehst du da,
Und siehst mich sehnend an?
Ein andrer hätt indeß für die gestandne Schuld
Sich hundertmal bezahlt gemacht.

Blum.

An die Nachtigall.

Er liegt, und schläft an meinem Herzen,
(Mein guter Engel sang ihn ein,)
Und ich kann fröhlich seyn und scherzen,
Kann jeder Blum und jedes Blatts mich freun.
Nachtigall, Nachtigall, ach!
Sing mir den Amor nicht wach!

Claudius.

[22] **Die reisenden Deutschen.**

Der deutsche Edelmann, der reiche Kaufmannssohn
Spielt in Paris den Grafen, den Baron,
Lernt da sein Geld mit Artigkeit verzehren,
Und Frankreich leckt den deutschen Bären.

5 Bärinnen reisen nicht. Welch grausames Verbot!
Doch Frankreichs Höflichkeit hilft ihnen aus der Noth.
Ein Heer von seinen Heldensöhnen
Geht über unsern Rhein, und leckt die deutschen Schönen.
Kästner.

11 [23] Auf die Vermählung des Königs von Dännemark mit der Königl. großbritannischen Prinzeßinn Carolina Mathildis.

Den 8. Nov. 1766.

Welch eine Göttinn gebeut
Dem Herbstgewölk sich aufzuhellen?
Was ebnet vor ihr her in stiller Herrlichkeit
Der Wasserwüste sanftre Wellen?

5 [24] Von Albions Ufern erschallt
Der Jubel zu der Göttinn Ehre!
Das frohe Seegel schwillt, die hohe Flagge wallt,
Und Donner brüllen durch die Meere.

Ruft, Nereiden! es laut
10 Von Ocean zu Oceane:
Mathildis fährt daher, die königliche Braut!
Schweigt ehrfurchtvoll vor ihr, Orkane!

Und ihr, kehrt wieder zurück,
Ihr schon entflohenen Zephyre!
15 Und flattert durch ihr Schiff, daß bald ihr trüber Blick
Das mütterliche Land verliere!

Britanniens Ufer entweicht!
Umtanzt von Nymphen und Tritonen
Durcheilt ihr Schiff die Flut, bis sie den Strand erreicht,
20 Wo Handlung, Ruh und Freyheit thronen.

[25] Der Bataver staunet sie an,
Und wo sie fährt, blühn ihr die Fluren;
Ihr jauchzt am Elbestrand ihr neuer Unterthan,
Und Schleswig küsset ihre Spuren.

Bereits empfängt sie der Belt 25
Auf seinem unterwürfgen Rücken.
Sey, Dania, gegrüßt! Steig aus der Wasserwelt,
Mathilbis, deines Volks Entzücken!

Ihr Jubel, vereiniget euch!
Sie kömmt mit jedem Reiz gezieret. 30
Glück zu der Königinn! Glück zu dem Königreich,
In das itzt Christian sie führet!

Mir hüllt die Zukunft sich auf!
Ein neuer Heldenstamm entspringet
Aus diesem Königsblut, durch den der Zeiten Lauf 35
Einst Christiane wiederbringet.
Zachariä.

[26] Der Schiffer.
Eine Erzählung.

Nix Bodenstrom, ein Schiffer, nahm —
War es in Hamburg oder Amsterdam;
Daran ist wenig, oder nichts gelegen —
Ein junges Weib.

Das ist auch sehr verwegen, 5
Freund, (sprach ein Kaufherr, den zum Hochzeitsschmause
Der Schiffer bat,) du bist so lang und oft vom Hause;
Dein Weibchen bleibt indeß allein;
Und dennoch — willst du mit Gewalt ein Hahnrey seyn?
Indeß, daß du zur See dein Leben wagst, 10
Zu Surinam, am AmazonenFlusse,
Dich mit den Hottentotten, Kannibalen plagst;
[27] Indeß wird sie —

Mit Eurem schönen Schlusse!
15 Versetzte Nix. Indeß! Indeß! Ey nun!
Das nehmliche wird Euer Weibchen thun —
Denn, Herr, was braucht's dazu für Zeit? —
Indeß Ihr auf der Börse seyd.

Leßing.

13 Amor.

Wer Amor ist? Er ist ein Kind, Belinde;
Doch unterwerfen diesem Kinde
Der König und der Sklave sich;
Ihm bauen Götter selbst Altäre.
5 An Reizen übertrift er dich,
Er denkt, wie ich, und fühlt, wie ich,
Doch glaub ich, daß er kühner wäre.

B.

14 [28] Der Selbstmörder.

Endlich, jammervolles Leben,
Endlich bin ich deiner satt!
Ich will dem dich wiedergeben,
Der dich mir gegeben hat.
5 Lange gnug hab ich gestritten,
Und in dem verhaßten Krieg
Seelenwunden gnug erlitten;
Endlich dürst ich nach dem Sieg.

Ich zerreisse deine Stricke,
10 Eitle, trügerische Welt!
Und verfluch dein falsches Glücke,
Das den Geist gefesselt hält.
Thoren mögen dich verehren,
Und der Hofnung Sklaven seyn;
15 Ich will dir, bey feigen Zähren,
Weder Wunsch noch Klage weihn.

[29] Ja, Tyranninn meines Lebens,
Deine Herrschaft ist vorbey!

Drohn und Schmeicheln ist vergebens;
Dein Gefangner ist nun frey.
Auch ich habe dir gefröhnet,
Und dein eisern Joch geküßt,
Bald geliebkost, bald verhöhnet,
Stets ein Opfer deiner List.

Meiner Jugend beste Kräfte
Wurden dir umsonst verwandt;
Der Gesundheit reinste Säfte
Hat dein wildes Feur verbrannt.
Alt an Schwachheit, jung an Jahren,
Hab ich deiner Lust Betrug
Früh, und doch zu spät, erfahren,
Nur durch eignen Schaden klug.

Stolz drang ich mit schnellen Füssen
Mich zu deinem Schauplatz hin.
[30] Meine Thorheit nun zu wissen
Ist mein trauriger Gewinn.
Bösewichter spielen Rollen,
Und die Narren sehen zu;
Wer, wer kann dir Beyfall zollen,
Der nicht rasend ist wie du?

Thöricht wand ich mein Vertrauen
Gleißnerischen Freunden zu!
Aber, ach! auf Menschen bauen
Ist ein Todtschlag eigner Ruh;
Du bist längstens, Tochter Gottes,
Wahrheit! von der Welt entflohn,
Und die Mutter schnöden Spottes,
Falschheit, herrscht auf deinem Thron.

Und du, Mutter edler Triebe,
Reichste Quelle reiner Lust,
Auch du schlugst, geliebte Liebe!

14.

      Wunden in die kranke Brust.
[31] Zwar du schienst mir liebzukosen;
      Doch nur einen Augenblick;
55   Schnell verblühten deine Rosen;
      Dornen blieben gnug zurück.

      Wohl! Ich setze deinen Schlägen,
      Unerbittliches Geschick!
      Eine feste Brust entgegen,
60   Sehe, mit gelaßnem Blick
      Deine Donner sich zusammen
      Ueber meine Scheitel ziehn,
      Stürze kühn mich in die Flammen,
      Statt erschrocken sie zu fliehn.

65   Wann mit giftgetränkter Stimme
      Meiner Feinde Wut mich schmäht,
      Und mit unglückschwangrem Grimme
      Mir nach meiner Seelen steht;
      Wann mich meine Liebsten hassen,
70   Durstig nach des Freundes Blut,
      Wann mich alle gleich verlassen:
      Doch verläßt mich nicht mein Muth.

[32] Zittert, feige Pöbelseelen,
      Zittert vor der Ewigkeit!
75   Nicht um ewig mich zu quälen
      Gab mir Gott Unsterblichkeit!
      Ich seh meiner Qualen Ende,
      Da des Lebens Band zerreißt,
      Und befehl in deine Hände,
      Gott, den aufgelösten Geist.

                              Rauffseisen.

15   **Fragment eines Gesprächs.**
      D a m i s.

    Ein Kuppler wär ich, Herr Porphyr?

Porphyr.

Ja, ja, mein Herr, so sagt man mir.

Damis.

Das dacht ich nicht, bey meiner Ehre,
Daß Ihre Frau so schwatzhaft wäre.

Hensler.

[33] **Als Daphne krank war.** 16

Endymion.

Frember Mann, weißt du keine Grabstätte für mich?

Der Fremde.

Jüngling, deine Seele liebt!
Sanfter Jüngling — aber sey nicht betrübt!
Sieh! der Frühling kömmt nun wieder,
Und die Nachtigall, 5
Und die Blumen kommen wieder,
Und der Wiederhall,
Und wir singen Frühlingslieder,
Und dann fallen in den Schall
Tausend weisse Blüthen nieder; 10
Jüngling, sieh, der Frühling kömmt nun wieder
Und die Nachtigall!

Endymion.

Frember Mann, weißt du keine Grabstätte für mich?

Claudius.

[34] **Lob Gottes.** 17

Von dem die Weisen nur ein kleines Wort gehöret,
Du, dessen Wesen mir die Zukunft erst erkläret,
Der Dinge Quell und Grund, und der Gedanken Grab;
Der alles faßt, und mißt, selbst ewig unermessen;
Der sonder Anfang ist, doch, was er nie besessen, 5
Den Anfang, jedem gab;

Der, in der Ewigkeit beständigem Geleite,
Durch alle Zeiten geht, ein unaufhörlich Heute;
Bey dem kein Gestern war, bey dem kein Morgen ist;
Der du, was auch der Thor in seiner Thorheit schwätze,
Allein vollkommen frey, dir selber ein Gesetze,
Und allen Wesen bist;

[35] Meer ohne Grund, aus dem die Welten alle fliessen,
Die künftighin vielleicht in höhrer Pracht entspriessen,
Als diese, die sich schon aus dir hervorgethan;
Durch dessen Huld allein die Sterblichen genesen;
Der niemals stirbt, weil ihm von allen seinen Wesen
Nicht Eines folgen kann!

Der du die Seeligkeit in dir allein besitzest,
Doch auch mit Seeligkeit ein Würmchen unterstützest,
Das ohne deine Kraft nicht länger glücklich wär:
Erlaub aus Gnade mir, der schwächsten aller Zungen,
Ein neues Lied von dir! Wer einmal dich besungen,
Singt nichts geringers mehr!

[36] Wie niedrig sind vor dir der Himmel höchste Sphären!
Wie standhaft wälzet sich, dich, Ewiger, zu ehren,
Um deinen lichten Thron die Welt, und freuet sich!
Wie zahlreich weißt du sie mit Körpern auszufüllen;
Und änderst ihren Stoff, allein nach deinem Willen,
Selbst unveränderlich!

Was niemand sehen wird, was niemand je gesehen,
Siehst du vor deinem Blick allgegenwärtig stehen;
Selbst Geister sind vor dir durchsichtiger Kristall.
Wo wahre Wesen sind, wo nur Ideen wallen,
Bist du, Unendlicher, aufs kräftigste bey allen,
Und Alles überall.

[37] Dein Thau benetzt sowohl die Diestel als die Ceder;
Du drehst für Jedermann des Glückes goldne Räder,

Du bist für Jedermann ein allgemeines Gut.
Wie unpartheyisch du die Sterblichen erfreuest,
Beweist des Lichtes Stral, den du dem Bösen leihest,
Selbst, wann er Böses thut.

Im Weste kühlest du, vergnügst durch Sommerrosen,
Du labest den Geschmack durchs Fleisch der Aprikosen,
Du stärkst im Morgenthau, der von dem Himmel fällt;
Dem Frommen sendest du zum Labsal deine Gnade,
Dem Bienchen Süßigkeit, ein Tröpfchen Naß der Made,
Und Sonnenschein der Welt.

[38] Der Einfalt giebst du Witz, den weisen Herzen Freunde;
Liebst, lockest, nähreft, lehrst auch deine ärgsten Feinde;
Nimmst von den Irrenden für Strafe Beßrung an;
Und zeigest Freblern nur, wenn sie von ihren Thürmen,
Durch langes Glück gereizt, dein Heiligthum bestürmen,
Was deine Rechte kann.

Sturm ist alsdann dein Weg, dein Flug auf Feuerflammen;
Dann raffst du Königreich' in Eine Hand zusammen,
Haust sie, wie schlechtes Gras, von ihrer Wurzel ab,
Und wälzest, in ein Bund wie dürres Reiß gebunden,
Die hohe Ritterschaft, von dir zu leicht befunden,
Den Libanon hinab.

[39] Dann sieht man vor dir her der stolzen Heyden Inseln,
Zerschellten Schiffen gleich, versinken, und mit Winseln
Hinunter in den Grund des Oceanes fliehn;
Dann brechen unter dir die ehernen Gewölber
Der Hölle donnernd ein; ihr schwarzer König selber
Wirft Kron und Scepter hin.

Dann kommen, krummgebückt, weil du den Stab ge=
brochen,
Die Grossen dieser Welt vor dein Gericht gekrochen,
Aus Tempeln, wo sie jetzt Porphyr und Marmor deckt:

70 Wie niebriges Gewürm den Löchern schnell entkriechet,
Wenn es des Zauberers geweihte Kräuter riechet,
Und ihm die Füsse leckt.

[40] Glückseelig, der dich stets aus reiner Liebe scheuet!
Vereint mit dir hat er, was auch im Tod erfreuet;
75 Dein Geist taucht seinen Geist in Himmelsfreuden ein;
Gold, Ehre, Hoheit, Ruhm, was Thoren nur gepriesen,
Der Wollust Süßigkeit tritt er getrost mit Füssen,
Vergnügt, dein Knecht zu seyn.

Dein ewig wahres Wort erfüllt sein Herz mit Frieden,
80 Und lehrt ihn die Vernunft an deinen Altar schmieden,
Wenn sie des Glaubens Ruh in ihm zu stören droht;
Wie ein unschulbig Kind, nur Seeligkeit zu saugen,
Klebt er an deiner Brust, und schaut mit gleichen Augen
Das Leben, wie den Tod.

85 [41] Wann an der Tage Ziel die höchsten Pyrenäen,
Und dieses ganze Rund, in lichten Flammen stehen,
Ist er, zu deinem Thron entrückt, in Sicherheit.
Sein Glück! der Quelle gleich, aus welcher es geflossen,
Wächst, niemals in den Ring der Zeiten eingeschlossen,
In die Unendlichkeit.

O.

18 Räthsel.

Ich konnt es lange nicht ergründen,
Wie meine Weine so verschwinden;
Auf einmal fällt mirs ein.
Krispin — Sie kennen doch Krispinen?
5 Krispin, der Fähnrich, liebt den Wein,
Und meine Tochter liebt Krispinen.

Hensler.

19 [42] An die weisse Rose.

Warum siehst du nicht ohne Neid
In deiner Unschuld Silberkleid

Auf beine ſtolzern Schweſtern hin,
Die in Aurorens Purpur glühn?
Laß ſie doch pralen! Was gebricht
Dir, holde Blume? haſt du nicht
Mehr Heilungskraft? füllſt du die Luft
Nicht mit weit ſüſſerm Balſambuft?

Verdienſt, o liebe Roſe, deckt
Nur ſelten Purpur, und erweckt
Nicht Neid, und iſt doch mehr beglückt
Als Unverdienſt, das Purpur ſchmückt.
Die ſüſſe Luft, du thuſt es kund,
Iſt nicht ſtets ſchimmerreich und bunt;
Sanft, ſoll ſie ächt und dauernd ſeyn,
Iſt ſie, und wie dein Silber rein.

[43] O Roſe, ſey nicht neidiſch, wenn
Dort jene ſo voll Stolz ſich blähn!
Du biſt zwar nicht die Lieblinginn
Lyäens, aber Königinn
Der Blumen biſt du auch, wie ſie;
Beym Schmauſe prangſt du nicht, haſt nie,
Den vollen Taumelkelch umlaubt,
Schmückſt nie des frechen Jünglings Haupt,
Verſteckſt die Natter Reue nicht,
Die vor der Wolluſt Lager ſticht:
Dich aber — biſt du noch betrübt?
Beneidenswerthe Blume, liebt
Sie, die beſcheidne Tugend nur
Und Unſchuld liebt, und jede Spur
Davon, wo Sie ſie findet, ſchätzt,
Dich liebet Stella! Sie ergötzt
Mehr beine Reinigkeit, weit mehr
Als beiner Schweſtern Purpur, der
Nur ſtolz auf ihre eitle Pracht,
Nicht beſſer ſie, nicht ſchöner macht!

[44] Sie pflückt dich, und für mich! Welch Glück!
Mir beut sie dich mit einem Blick
Voll holden Ernsts — „Sey ihrer werth,
„Der Freundschaft, die ich dir gewährt,
„Laß stets dein ganzes Leben rein
„Wie dieser Blumen Silber seyn!" —
Sprach dies bein Blick, o Freundinn, nicht?
O, gäb er stets mir Unterricht,
Dann würde stets mein Leben rein,
Wie dieser Blumen Silber, seyn!
Er stralt nicht stets mir, Freundinn! Ach!
Doch nie vergeß ich, was er sprach!

Schmitt.

Moral.

Im Feinde Tugenden zu sehen
Sieht man sich oft vergebens um,
Doch seine Fehler auszuspähen
Wird jedes Aug ein Mikroskopium.

3.

[45] ## Lied.

[Mit Musik von F. G. Fleischer.]

Wenn die unschuldvolle Taube
Fern von ihrem Täuber irrt,
Flattert sie, und klagt, und girrt,
Und wird jeder Noth zum Raube.
Doch er kömmt. Mit tausend Grüssen
Fliegt sie zu ihm durch den Hain;
Seines Lebens zu geniessen,
Bleibt man nicht allein.

Wenn am Bach zwo junge Linden
Einsam, ohne Stütze stehn,
Und die Winde zornig wehn,
Beben sie vor jeden Winden.
Wenn sie an einander schliessen,
Ist für sie kein Sturm zu scheun.

Seines Lebens zu genießen,
Bleibt man nicht allein.
                            Eichenburg.

[46]   [Vignette]

Nais an Kleon.

Wie? Schläfst du, Barde? Ruhen deine Saiten
Im tief verschneyten Eichenwald,
Wo das Geheul des Nordwinds durch die weiten,
Schmucklosen Thäler wiederhallt?

[47] Verschworest du die Harf, und hör ich keinen
Der Wonnetöne mehr von ihr? —
Sohn des Gesangs, erwache! Nur um Einen
Fleht deine Schülerinn zu dir!.

Fleht deine Freundinn, die vom Bergwald nieder
Die öde kalte Flur durchirrt:
O töne, töne, bis ihr Ohr der Lieder
Geliebte Wege finden wird!

Denn schüchtern irrt sie, wie die junge Taube,
Im Sturm vom sichern Nest gestört. — —
Ach, meiner Bäume Schmuck, und meine Laube
Sind durch des Winters Wut verheert!

Und die von Blumengras erfüllten Weyden,
Die sonst ich meiner Heerde bot,
Sind öd und kalt, und alle meine Freuden,
(Sie waren doch so fromm!) sind todt!

[48] Und meine Laute tönet heisre Klagen,
Selbst meine Lieder giebt der Schmerz;
Und allen Trost will mir die Zeit versagen; —
Nur dich nicht, mein schuldloses Herz!

Ein Herz, das hell für jede Tugend brennet,
Das gern sich freuet und betrübt;

Das alle Menschen seine Brüder nennet,
Und dich, o Freund, als Freundinn liebt!

    Gieb mir, Gewissen, diesen Ruhm! O Tugend
50 Gieb mir dein ruhevolles Glück!
Du aber, Barbe, rufe meiner Jugend
Entschlüpften Liebergeist zurück!

23 [49]   **Kleon an Nais.**

Süsser Wiederton der Töne,
Die ich meiner Freundinn sang!
Endlich kömmt der kleine, schöne,
Wonnevolle Wettgesang!
5 Endlich strömt er! Kleon lauscht;
Weder Ficht und Tanne rauscht;
Jeder Sturmwind schweigt und hört:
Töne, töne Gesang, daß dich kein Rauschen verstört!

Ach, ich schlummre nicht; es starrte
10 Mir der Blick vom Schlafe nicht:
Aber traurig saß ich, harrte,
Ob kein Laut die Stille bricht.
Wie? Von dir, Naidion,
Nicht ein einzger Lautenton? —
15 Wie? Vergaßt du deinen Freund? —
Töne, Lautengesang, mit meiner Harfe vereint!

[50] Horch! da ward aus deiner Laube
Dein erquickend Lied gehört:
„Ach, ich bin, als wie die Taube,
20 „Die der Sturm vom Neste stört!" —
Wie die Tauben? — Kennst du ihn,
Jenen Wagen, den sie ziehn? —
Täubchen, zart, und sanft, und rein,
Thu die Stimme hinzu, so wirst du Nachtigall seyn!

25 Also ists! In dieser Trauer
Gleichest du der Nachtigall.

Melancholisch sitzt im Schauer
Tiefer Nacht, am Wasserfall,
Kleon; hört das Wonnelied;
Jede seiner Abern glüht:
Aber Nacht deckt sein Gesicht;
Ach, er höret sie nur, und sieht die Sängerinn nicht!

[51] Ja, ich höre, wie du klagest,
Daß der Lenz zu spät verzeucht;
Wie du jeden Sturm verklagest,
Der dich von der Laube scheucht. —
Also ists; so muß es seyn!
Kleon trauret nicht allein!
Jedem ward sein eignes Leid!
Sey willkommen, o du, Gehülfinn der Menschlichkeit!

Aber, wie ein schwerer Schlummer
Ist dein Gram; ist bald entflohn.
Mit dem Winter kömmt dein Kummer,
Und entflieht im Merzmond schon.
Sieh umher! Sieh, welches Leid!
Jugend, die der Schmerz entweiht!
Herzen, die der Kummer bricht! — —
Gieb den Göttern ein Lied; Naidion, murre nicht!

[52] Von der seeligen Minute,
Wo die Rose sich enthüllt,
Bis mit neuem Traubenblute
Faunus seine Schläuche füllt,
Wartet Freud an Freud auf dich!
Sieh, die Knospen zeigen sich!
Horch, die Lerche locket schon!
Heil, Naidion, dir! Es ist dein Kummer entflohn!

Die Braut.

Dorinde bebt, wird blaß und roth,
Weil, mächtiger als Amor, morgen,

Troz ihrer Thränen, ihrer Sorgen,
Sie Hymen zu berauben droht. —
O, hätte sie nur mir Gehör gegeben,
Sie brauchte längst nicht mehr zu beben!

P. B.

An eine Freundinn des Theaters.

Ob auf dem tragischen Theater
Der Sara trauriges Gesicht
Im wahren Schmerz vor ihrem Vater,
Mit Thränen heisser Reue spricht;

Ob Marwoods Zorn in einem bittern,
Graunvollen Ton den Buhler heißt,
Er soll für seine Bella zittern,
Wofern er ihr sein Herz entreißt;

Und ob Kanut, der grosse Däne,
In dem Accent der Menschlichkeit,
Gerührt durch seiner Schwester Thräne,
Dem Hochverräther schön verzeiht;

Darum bekümmerst du dich nimmer;
Dein stiller Geist hat Aug und Ohr,
Und stellet dir in deinem Zimmer
Das tragische Theater vor.

Du siehst die weinende Zaire,
Die zwischen Lieb und Glauben wählt,
Indeß ein Todesengel ihre
Bestimmte letzte Stunden zählt.

Du weinest eine Mitleidzähre
Die seiner lobt, und mehr enthält,
Als wenn der König den Voltaire
Zum Sophocles und Maro stellt.

Dein Antlitz ist ans Buch geheftet,
Der Finger aber ist bemüht
In Arbeit, die dich nicht entkräftet,
Und nicht Gedanken an sich zieht.

[55] Du Feindinn von dem Müßiggange
Fühlst bey Geschäften tiefe Ruh,
Und ich, ich bringe mit Gesange,
Der Grille gleich, die Tage zu.

Oft lachen mir die holden Musen,
Und leichter fließt mein Lied dahin,
Doch Feuer fehlet oft dem Busen;
Dann fühl ich, daß ich müßig bin.

Warum schuf doch das höchste Wesen
Mein Auge nicht so stralenreich?
Geflügelt kann das deine lesen,
Und wirken kann die Hand zugleich.

Karschin.

[56] **Auf Schneemilchs Tod.*)**
1770.

Sie liegt erstarrt, die schöpferische Hand!
Weint über sie des Danks, der Wehmuth Zähre!
Bald drückt sie grober, schwerer Sand,
Sie, deren Druck man kaum empfand,
Wenn, in balsamscher Atmosphäre,
Durch ihre Tortillons, Pommaden, Kamm und Scheere,
Der Fronten Wunderbau entstand,
Dergleichen Rom und Griechenland
Im güldnen Alter nicht erfand.
Mehr als den Gürtel der Cythere
Hat, Schwestern, uns der Tod an ihr entwandt!

---

*) Ein unvergeßlicher Damenfriseur zu Hannover.

[57] So öfneten zu Klagetönen
Die süssen Lippen unsrer Schönen
Bey ihres Schneemilchs Leiche sich;
Und, mehr als zu gerechte Klagen!
Ein Künstler wird zur Gruft getragen,
Dem noch kein andrer Künstler glich.

Ihm war kein Haar zu weich, zu spröde,
Kein Kopf zu dicht bepflanzt, zu öde,
Und keine Stirn zu breit, zu schmal;
Irrthümer der Natur verschwanden,
Und Ebenmaaß und Reiz entstanden,
So bald sein Finger es befahl.

Kühn im Entwurf, schnell im Vollführen,
Durft er die Scheitel nur berühren,
Wo alles Wust und Chaos war,
So schuf — mehr thun kaum Zauberruthen —
In wenig eilenden Minuten
Sein Kamm ein Gallatages Haar.

[58] Nach seinem critischen Entscheiden
Konnt eine Juno das noch kleiden;
Dies stand nur einer Hebe schön:
Und, voll Vertraun auf sein Ermessen,
Sahn Mütter, selbst noch unvergessen,
Mit Lust der Töchter Schmuck erhöhn.

Nun bringt gewiß mit seinem Tode
Der Unsinn jeder alten Mode
Sich wieder in die Hauptstadt ein.
Nun thürmt sich nicht mehr Lock auf Locke
Zum majestätschen A la Toque,
Und kein En Coeur wird ferner seyn.

Der andern blöde Nachahmungen —
Ach, wie gekleistert, wie gezwungen

Ihr so genannter Crep sich sträubt!
Für Aug und Hand gleich Schwanenbrüsten
War Schneemilchs Crep; nicht zu verwüsten,
Und, wie ätherisch leicht bestäubt!

[59] Genug, o Muse! Thränen rinnen
Von meiner holden Leserinnen
Geschwollnen Augen schon zu viel.
Du halfst mir sein Gedächtnis ehren;
Nun stimm auch, ihrem Gram zu wehren,
Zu sanftem Trost mein Saitenspiel.

Zwar fern sey, daß bey seinem Sarge,
Ich Euch den ersten Schmerz verarge;
So wild, so lieblos bin ich nicht.
Wer wollt in Syracusens Mauren
Nicht mit um Archimeden trauren?
Auch hier ist Trauren Ruhm und Pflicht!

Doch, wie sein puderweisser Schatten
Schon Euch auf Elisäer Matten
Bey Lethens Trunk vergessen hat;
So tragt auch Ihr des Schicksals Fügen
Und lest hier, in der Wahrheit Zügen,
Der Freundschaft treugeprüften Rath.

[60] Beugt wieder mit entwölkten Stirnen
Den Hochmuth ungeschlachter Dirnen,
Auf welche Schneemilchs Kunst nie sank:
Schon bilden schadenfroh die Frechen
Sich minder Abstand ein, und sprechen
Euch Hohn, und Libitinen*) Dank.

Zeigt ihnen, daß Ihr nichts verloren,
Daß Ihr, ganz Grazien geboren,

---

*) Die Göttin der Leichen.

75 Jedwede Willkühr in der Tracht,
Eilfertig=einfach, mühsam-prächtig,
Stets, gleich auf unsre Herzen mächtig,
Zu Regel und zu Schönheit macht.

Und glaubt ihr ja, daß fremde Waffen
80 Euch desto sichern Sieg verschaffen;
So geht zwar die Verleugnung weit;
Doch heben, wollt Ihr sie begeistern,
Sich rohe Schüler bald zu Meistern,
Und diese zur Unsterblichkeit.

85 [61] Nie wird Euch der Versuch mislingen.
Maecen winkt — und Horaze singen:
Noch wunderthätiger als er,
Könnt Ihr, so gar aus Deister Wilden,*)
Euch einen neuen Schneemilch bilden,
90 Schickt auch Paris Euch keinen her.

P.

27 Die stumme Geschminkte.

Stumm, leblos, das Gesicht voll Kreide,
Denkt Chloris, daß sie mich bethört.
Nein, Mädchen, nein! Ich bin kein Heide,
Der ein gemaltes Bild und stumme Götzen ehrt.

Hensler.

28 [62] Elegie an Dorinde.

Dein gedenk ich; und ein sanft Entzücken
Ueberströmt die Seele, die dich liebt;
Das ist Einer von den Augenblicken,
Die zu sparsam mir das Schicksal giebt!
5 Ein Gefolge trüber, schwarzer Stunden

---

*) Der Deister ist eine Berggegend bey H., deren Einwohner, wegen der rauhen Arbeit, zu den feinern Künsten minder aufgelegt scheinen.

Drängt sich dicht um meine Jugend her;
Augenblicke sind mir froh verschwunden,
Aber Jahre trüb und freudenleer.

Eh ich dich, mit dir die Liebe kannte,
Da schon war es, als mein weiches Herz
Von der Freundschaft süsser Lust entbrannte,
Aber öfter von der Freundschaft Schmerz.
Ach, wie manchen riß von meiner Seiten
Tod, dein Arm, und, Trennung, du, dahin!
Wenig Freude, viele Bitterkeiten
Sind mein Loos, seit ich geworden bin.

[63] Theile nicht das Loos von diesen Tagen,
Sanftes Mädchen, weine nicht um mich!
Nicht zur Schwermuth, nicht zu finstern Klagen,
Nur zur Freude schuf der Himmel dich.
O vergiß, vergiß, was oft mit Blicken,
Oft mit Worten deine Seele sprach!
Sieh, den Leiden, welche jetzt mich drücken,
Folgt vielleicht noch größres Leiden nach.

Doch wenn einst mir Tage voller Freude,
Gleich der Sonn aus trüber Nacht, entstehn,
Sanftes Mädchen, o, dann laß uns beyde,
Treu vereint, den Pfad des Lebens gehn!
Mit erleichtertem, vergnügtem Herzen
Danken wir der Vorsicht dann, daß sie
Endlich uns, nach überstandnen Schmerzen,
Den Genuß des schönsten Glücks verlieh.

Eschenburg.

[64] Der Traum.

Neben mir im Gras, ihr Brüder,
Ruhte jüngst mein Saitenspiel,
Und ein sanfter Schlaf befiel
Meine müden Glieder.

Himmel! Eh ichs mich versah,
Stand mein braunes Mädchen da,
Warf sich bey mir nieder.
Itzt, mit nie gefühlter Lust,
Drückt ich sie an meine Brust,
Itzt entfloh sie wieder.
Brächte sie ein gleiches Glück
Mir in jedem Traum zurück,
Wüst ich nichts von Plage,
Schliefe ganze Tage.

L.

30 [65] Sineds Gesicht.

Rhingulphen, dem Freunde der Geister, gewidmet.*)

Sined.

Der Mitternacht Geflüster wecket mich
Auf meinem Lager?. Ists Walhalla's Laut? —
Kein frommer Barde bleibt doch unbesucht
Von Lüftesöhnen. — Ha, wer naht sich mir?
    Wer bist du, Gestalt?
    Dein Schweben ist schön,
  Dein Stalgeschmeid hell,
  Dein Harfenspiel golden,
  Vom Lenze bekränzet,
  Dein Auge voll Ruhe.
    Du lächelst auf mich? —
    Ha! bist du nicht Kleist?

[66]   Der Geist.

Der bin ich, Sined! Lange sah ich schon
Auf meinen Hügel nieder, horchete
Nach allen Winden, ob kein Barde mir
Mit seiner Klage käme. Keiner kam.

---

*) S. das Gedicht Rhingulphs an Sined, den Druiden der Harfe. Musenalm. 1771. S. 150.

Und meine Freude bey den Seeligen
War, wie des Mondes Antlitz, wenn ein Dunst,
Sich von der Erde schwingend, es beschleicht.

20 Doch itzo trat zum Hügel ein Liedermund,
Der Söhne Sachsens einer, und gab mein Lob
Dem Winde. Lüstern hieng ich nieder,
Hörte mich Krieger und Barde nennen.

Drey Morgendämmerungen erklang sein Lied;
25 Der vierte sah ihn scheiden. Ich seegnete
Des Edlen Abzug: Also soll dir,
Wenn sich dein Hügel im Feld erhebet,

[67] Gesang nicht fehlen! Soll ein erhabner Sitz
Dein Lohn im liedervollen Walhalla seyn!
30 Ich habe meinen Ruhm empfangen.
Dank dir, o Sänger! O zeuch in Frieden!

Sined.

Wer war der Freund der Heldengeister? Wer
Der Edle, der zum Steine deines Ruhms
Sein Harfenspiel aus dieser Ferne trug?
35 O nenne seinen Namen, Barb und Held!
Ich will ihn seegnen, lieben will ich ihn!

Der Geist.

Rhingulph war es, der den Legionentödter Hermann
sang,
Rhingulph, der den Frömmsten unsrer Barden
[68] Von der Pleisse bis zur Wolkenburg
40 Mit dem schönsten Liede folgte,
Rhingulph, dessen Mund auch dich
Vor den Söhnen deines Volkes ehrte.

Sined.

Mich Rhingulph? Vor den Söhnen meines Volks?
Du täuschest mich, Gestalt? Sein hoher Schwung,

45 Wie fänd er Sined in den Hunderten
Der Barden Teuts? — Gestalt, du täuschest mich!

Der Geist.

O Barde, sieh zurücke!
Du sangest einst von Joseph
Wo kühle Lüfte scherzten
50 Um junge Wiesenblumen.
Da kam ein fremder Bardensohn,
Und nannte dich Bindengeschmückter
[69] Und nannte dich den Freund an Oßians Busen,
Dem Oßian am Abend seiner Augen
55 Die Harfe gab.
Wie war dir da?
Du sankest im süssesten Taumel
Entzücket auf Blumen dahin.
Nun fuhrst du wieder auf,
60 Und wolltest ihn umarmen,
Weg war der Bardensohn!
Und — Rhingulph war der Bardensohn! —

Sined.

War Rhingulph das? Und ach, der Harte ließ
So lange mich in Ungewißheit!*) Fast
65 Ergänzten sich die Monden zwölfmal schon;
[70] Ich fragte jeden Fluß, der Deutschland netzt,
Und keiner rauschte mirs! — O Barb und Held,
Dein Geist, der sey gesegnet! Scheide nun
Auf deinem leichten Wirbel! Unentdeckt
70 Blieb Rhingulph meinen Saiten unverehrt;
Doch soll so lange nun ihr Dank sich freun,
Bis ihre Wonne Rhingulphs Ohr erreicht!

Denis.

---

*) Der Dichter wußte lange nicht, wem er dieß feine Lob zu danken hätte.

Grabschrift.

Hier lieget Torilas. Das Glück war Schuld daran,
Daß man nicht statt: hier liegt; hier h ä n g e t: schreiben
kann.
Hensler.

Lied.
[Mit Musik von Benda.]

Hier, Freunde, muß der Garten seyn,
Den, wegen jenes ersten Falles,
Der Nachwelt Klagen noch beschreyn;
Hier reizt mich, hier genieß ich alles.

Was sag ich? Besser ist es hier!
Denn Lust weicht nie dem Ueberdrusse,
Und kaum befriedigte Begier
Keimt wieder mitten im Genusse.

Wer wollte denn um Edens Pracht
Den armen Adam wohl beneiden?
Was ihn nur einzeln froh gemacht
Wird uns ein ganzes Meer von Freuden.

Mit seinen Aepfeln! = = Jene da,
Die heiß ich Aepfel! Die entflammen
Die Götter selbst! Was er dort sah = =
Elender Reiz, sich zu verdammen!

Und heute fühl ich mehr als je
Den alten Fluch des ersten Fressers;
Denn so viel schönes ich auch seh,
Erblickt ich sonst noch viel was bessers.

Ein Weib nur war ihm anzuschaun
Vergönnt, und noch dazu das Seine;
Hier seh ich andrer Leute Fraun,
Und ferne bleibt, Gottlob! die Meine.

25 Er konnte, wenn er durstig war,
Nur unter Milch und Wasser wählen;
Uns kützelt Sillery, Pomar,*)
Und Cyperwein die feinern Kehlen.

Wer seinen Fall mit Groll ißt liest,
30 Würd ihn mit sanftem Mitleid lesen,
Wär um ein Fest, wie dieses ist,
Unsterblichkeit ihm feil gewesen.

P.

33 [73] Das arkadische Thal.

Du stilles Thal, das ißt des Frühlings Pracht
Zum angenehmsten Tempe macht,
Ich steh entzückt. Sieh! unter meinen Füssen
Scheint in dem Klee das duftende Geschlecht
5 Der Flora plötzlich zu entspriessen.
Des Baches Rauschen wird geschwächt
Durch dickes Gras, mit Blumen untermischet;
Ißt murmelt er noch sanft bey einem kleinen Fall,
Und nun — nun stirbt sein letzter schwacher Schall;
10 Er fliesset silberklar dahin, stumm, und erfrischet
Das blühende Gesträuch, das über ihn sich neigt,
Und, in dem spiegelnden Kristall,
Dem Auge sich zum Himmel hangend zeigt.
[74] Wie schallet nicht vom jauchzenden Gefieder
15 Der Waldgesang aus allen Hecken wieder!
Wie heiter, und wie blau
Ist der gewölbte Himmel! und die Au,
Wie bunt von Blüthen, die ein Schwarm von kleinen
                                    Westen
Herunterstreuet von den Aesten,
20 Und gaukelnd sich wohl tausendmal
Im Fallen mit den Blüthen haschet.
Wie hat die Freude hier mich überraschet!
Welch ein bezaubernd Thal!

---

*) Die besten Arten des Champagners und Burgunders.

Ihr stillen, unschuldvollen Freuden,
Mit keiner Traurigkeit vermengt,
O, führt mich fort! Vergnügen drängt
Von allen Seiten zu. Dort seh ich Heerden weyden,
Weiß wie der Schnee.
Von steiler Felsenhöh
Erschallt des Hirten Rohr. Geschmückt mit Blumenkränzen
Schlingt eine junge muntre Zahl
[75] Von Schäfern, und von Schäferinnen sich,
Mit freudevollen Tänzen,
Durch das beglückte Thal.
Ist hier Arkadien? Ich will die Lieder hören,
Die jener Hirte bläst; ich will den Reigen mehren,
Der dort auf Blumen springt; ich eile zu den Chören
Der Freude, voll vom Trieb, den die Natur uns gab.
Doch Himmel! Seh ich recht? Ists möglich? Hier —
ein Grab?

Ich steh bestürzt! Wen deckst du, stilles Grab?
Läßt keine Schrift von Freundes Hand mich lesen,
Wer du, hier Schlummernder, gewesen?
Fielst du vielleicht von eines Mörders Hand?
Starbst du vielleicht den Tod fürs Vaterland
Allhier mit Ruhm? — Ruh, von der Welt vergessen,
[76] Ruh sanft, wer du auch warst! Ihr traurigen
Cypressen,
Umschattet diese Gruft!
Und du, weh sanfter hier, o Luft!

Zachariä.

34 Auf einen Prediger,
der sich zugleich als Arzt in seinem Kirchspiele gebrauchen ließ.

Die Paul, für Geld, getödtet hat,
Bringt Paul, für Geld, zur Ruhestadt.
O! lernt von Paulen, Groß und Klein,
Auf mehr als Eine Art allein
Dem Vaterlande nützlich seyn!

O.

Phidile.

Eine Romanze.

Ich war nur sechzehn Sommer alt,
Unschuldig, und nichts weiter,
Und kannte nichts als unsern Wald,
Als Blumen, Gras und Kräuter;

Da kam ein fremder Jüngling her;
Ich hatt ihn nicht verschrieben,
Ich wuste nicht wohin, woher;
Der kam, und sprach von Lieben.

Er hatte schönes langes Haar
Um seinen Nacken wehen;
So einen Nacken, als der war,
Hab ich noch nie gesehen!

Sein Auge, himmelblau und klar,
Schien freundlich was zu flehen;
So blau und freundlich, als das war,
Hab ichs noch nie gesehen!

Und sein Gesicht — wie Milch und Blut,
Nie hab ichs so gesehen;
Und was er sagte, war sehr gut,
Nur konnt ichs nicht verstehen.

Er gieng mir allenthalben nach,
Und küßte mir die Hände;
Bald seufzt er: O! bald seufzt er: Ach!
Und drückte sie behende.

Ich sah ihn oftmals freundlich an,
Und fragte, was er meynte,
Da fiel der junge schöne Mann
Mir um den Hals, und weinte —

Das hat mir keiner noch gethan,
Doch war mirs nicht zuwider,
Und meine beyden Augen sahn
Auf meinen Busen nieder.

[79] Ich sagt ihm nicht ein einzigs Wort,
Als ob ichs übel nähme,
Kein einzigs — und er flohe fort! —
Wenn er doch wieder käme!

A.

Die Rose.
Eine Fabel.

Eine verblichene Rose sprach: sind die Menschen nicht thöricht, daß sie zu meiner Nachbarinn, der Nelke, laufen, weil sie blühet? Als ich noch blühete, kamen sie auch zu mir; itzt, da ich eine reife Frucht trage, sieht mich niemand an; ist das nicht unbillig? Nein, sprach ein Anwesender, denn wir suchen bey den Blumen nicht die Frucht.

Laßt euch dieß gesagt seyn, ihr vierzigjährigen Damen, die ihr den Verstand lobt!

J.

[80] ### Die Schwestern.

Zwey Schwestern, reizend zum Entzücken,
Erfüllen jede Brust mit Schmerz;
Kein Herz entgehet ihren Blicken,
Doch hab ich immer noch mein Herz.

In unsichtbaren Blumenketten
Folgt ihnen Cythereens Kind;
Nichts war im Stande mich zu retten,
Als daß sie stets beysammen sind.

Ich sehe sie, und wähle keine,
Denn jede nimmt zu stark mich ein;

Doch säh ich einmal nur die Eine,
So würd ich gleich verloren seyn.

Y.

[81] [Vignette]

38   Ode an Philibert.

Berlin, am 24ten Jenner 1771.

Des Patrioten Muse, mein Philibert,
Haßt eitle Selbstsucht, eifert um Vorrang nie:
   Stolz auf des Vaterlandes Ehre
   Heischet sie Kränze für ihre Schwestern.

5 [82] Sie fröhnet nie dem Glück, das ererbet ward,
Dem unverdienten Ehrenamt nie; sie drängt
   Sich nicht mit heuchlerischem Weihrauch
   Schamlos zum Throne der Erdengötter.

Sie singt, dem Neide willig verborgen, bald
10 Die Grosmuth Josephs, bald der Gerechtigkeit
   Und Gnade Bündniß in der weisen
   Heldinn Rutheniens, Deutschlands Tochter;

Vor allen Einen göttlichen Bürgerfreund,
Der Häuser, Künste, Sicherheit rings umher,
15   Dem Volke schenket, unbekümmert
   Um der Kurzsichtigen Dank und Undank;

[83] Der jüngst die kargen Felder dem Ackermann
Aus eignem Füllhorn reichlich befruchtete;
   Dem Fleiß entnervter Landessassen
20   Königlichmilde sein Schatzhaus aufthat!

Gefallner Kriegesobersten darbende,
Versteckte Wittwen speisete, kleidete:
   Selbst mäßig, wie sein Antonin, und
   Ohne den Kleiderprunk weicher Barbarn.

Ramler.

Die Kinderliebe.

Mich dauret, Stax, dein Sohn; du liebest ihn zu sehr;
Lieb ihn doch minder, Stax; dann liebest du ihn mehr.
v. K.

[84] ### An meine Freunde.

Ihr Freunde, wenn einst meine Stunde schlägt;
Bald wird sie, wie ich glaube, schlagen,
Und Phyllis kanns am besten sagen,
Warum ichs glaube; o, so legt
Mich nur nicht unter einem Thurne   5
Zu Mönchen Staub und eines Fürsten Urne!
In einem Thale, fern von dem Geräusch der Stadt,
Umschattet von bejahrten Eichen,
Laßt meinen Staub den Wunsch erreichen,
Den nie mein Herz erreichet hat.   10
Ihn wird nicht lang der Todeshügel halten;
Der Staub entlehnt unzählige Gestalten;
Vielleicht, daß meiner bald in eine Rose fließt,
Worinn ihn Phyllis sympathetisch küßt,
Wenn sie nicht weiß, warum sie traurig ist.   15
[85] Indeß ein Fürst, der nichts als Harm gestiftet,
In Zinn und Marmor wohl verwahrt,
Jahrhunderte auf die Verwesung harrt,
Und noch im Tode seinen Hof vergiftet.
Frh. von N.

An Madam Henselinn
als der Verfasser sie zum erstenmale spielen sah.

Von unbekannter Macht gezogen
War dem Talent, das dich unsterblich macht,
Mein Herz schon lange zugedacht;
Doch deines Blickes Zaubermacht,
Aus dem Empfindung stralt, und holde Freude lacht,   5
Hat dein Talent um diesen Sieg betrogen.
G.

An die Rose.

[Mit Musik von E. C. Dressler.]

Tochter von Aurorens Thränen,
Du, die Flora sich erkohr,
Stille mein verschwiegnes Sehnen,
Schlüpfe, Rose, schlüpf hervor!

Doch, was sag ich? Nein! Verborgen
Bleib in deiner Knospe noch!
Werden siehet dich der Morgen,
Und am Abend stirbst du doch!

Sanft, bescheiden, wie du blühest,
Ist Themire, jung und schön.
Ach, sie glühet, wie du glühest,
Und, wie du, wird sie vergehn!

Komm von deinem Dornenthrone!
Komm, dir winkt der Liebe Blick!
Deine süsse Schönheit lohne
Heute noch ein süsser Glück!

Komm, Themirens Brust zu schmücken,
Deinen Thron und auch dein Grab!
Neidisch siehet mein Entzücken
Auf den schönen Tod herab.

Sanft soll meine Hand dich führen,
Sanft an die geliebte Brust;
Wisse nur, daß du sie zieren,
Aber nicht bedecken mußt!

Dufte da dem holden Kinde,
Doch behalte deinen Dorn;
Und, wer sich dir naht, empfinde
Meine Rache, deinen Zorn!

Dufte sanft, und längres Leben
Schenken dir die Götter dann! 30
Seufzer werden dich erheben —
Wenn Themire seufzen kann.

[88] Thränen lehre sie vergiessen,
Wenn sie nun dich sterben sieht,
Und der Jugendzeit geniessen, 35
Die so schnell wie du verblüht!

B.

Grabschrift. 43

Der reiche Thrax verstirbt. Sein Testament gewärtigt
Dem Dichter, der die Grabschrift fertigt,
Zweyhundert Thaler Honorarium.
Zum Henker! leichter kann kein Geld erworben werden!
Zählt immer auf! — „Hier liegt der größte Narr auf
Erden!" 5
Nur her! das ist sein Epitaphium!

Kr.

[89] ### Petrarchische Ode. 44

Languir per lei è meglio,
Che gioir d'altra.

Petrarca.

Thäler, Berge, schattenreiche Wälder,
Die nicht mehr die Last des Winters drückt;
Stille Grotten, Wiesen, grüne Felder,
Die mit Schmelz und Blumen schon der Frühling schmückt;
Und du, silberhelle, 5
Frische, reine Quelle,
Die so süß in meine Seufzer rauscht;
Und du, Philomele, die oft scheinet
Meinen Schmerz zu fühlen, oft mir lauscht,
Und dann voller Mitleid mit mir weinet: 10
Hört auch itzt, was meine Klage singt,
Die, so oft zu wiederhohlen,
Mich die Liebe zwingt!

[90] Immer fliessen werden diese Zähren!
15 Oft noch schwellen werden sie dich, Bach!
Oft noch, Fluren, eure Blumen nähren!
Denn von Ihr getrennet bin ich! — Nicht mehr, ach!
Soll ich Sie erblicken,
Welche mit Entzücken
20 Einmal nur, und immer nun mit Gram
Meine Seele füllet! Stets Sie fliehen
Soll ich, die für mich vom Himmel kam,
Deren Augen Haiden machen blühen,
Donner schweigen, in die rohste Brust
25 Sanft Gefühl und Tugend stralen,
Und des Himmels Lust.

Ach! In welchem Thal wirst du Sie finden,
Lenz, und dich, von Ihr verschönert, freun?
Welcher Zephyr wird Ihr Kränze winden
30 Und mit Silberblüthen Lauren überschneyn?
Welche Sylphen hören
Itzt Ihr Lied, und lehren
[91] Es die Quellen und die Nachtigall? —
Kleine Geister mit den Purpurschwingen,
35 Die ihr um mich hüpfet, seyd ihr aus der Zahl
Derer, die Sie sahen? Ihre Harf erklingen
Hörten? — O, so flüstert mir von Ihr!
Alle Wunder, die ihr sahet,
Saget mir von Ihr!

40 Saht ihr, wie viel ihrer Noth vergassen,
Liebreich insgeheim von Ihr erquickt?
Saht ihr, wie viel Stirnen Gram verlassen,
Wenn Ihr himmlischlächelnd Aug auf sie geblickt?
Saht ihr, welche schönen
45 Engelwerthe Thränen
Andacht sie und Mitleid weinen hieß?
Habt ihr sie gesammlet und gezählet,
Und, damit bethaut, zum Paradies
Jenes Thal gemacht, das Sie verhehlet?

[92] Sprecht! — Und eilt ihr wieder zu Ihr hin,
Sagt Ihr — Nein, nie soll Sie wissen,
Wie ich elend bin.

Glücklichster von allen meinen Tagen,
Tag, der mich zur Göttlichen geführt;
Bist du gleich der Quell von allen Klagen,
Die nicht Zeit, nicht Schicksal enden wird!
Zwar, dir liebzukosen,
Blühten keine Rosen,
Denn Autumnus wars, der dich gebahr:
Aber, gleich dem schönsten Sohn des Mayen,
Lachte Sie dir Blumen um das Haar,
Das kein Nord durchbrauste; und erfreuen
Hieß Sie die Natur dich! In dem Eis
Spiegelten sich Rosen; Frühling
  Wards auf Ihr Geheiß!

[93] O, wie starrte nicht aus meinen Blicken
Die Bewunderung, als ich Sie sah!
Kalte Schauer, glühendes Entzücken
Wechselten in jeder meiner Adern da!
Ach, mit welchem Geize
Trank ich alle Reize,
Blieb ich eingewurzelt vor Ihr stehn!
Hört ich Ihre Engelstimme tönen!
Sah ich Tugend Sie und Grazien
Küssen, und von Ihr mehr Reiz entlehnen:
Und ein Lächeln schimmern im Gesicht,
Das du, Liebe, nur kannst schildern;
  Ich vermag es nicht!

O beglückter Bach, von Ihrem Bilde
Mehr, als von der Sonne Glanz, geschmückt;
Seelge Auen, seelige Gefilde,
Die ihr blühet, wenn Ihr zarter Fuß euch drückt;
Schattenvolle Haine,

Wo Sie oft alleine,
85 [94] Himmlische Gedanken denkend, geht;
Und du, Luft, die, stets von Ihr erhellet,'
Sanft in Ihren goldnen Locken weht;
Gegend, wo zuerst mir nachgestellet
Von der Liebe ward, o sähe dich,
90 Ach! nur Einmal noch mein Auge,
 Wie beglückt wär ich!

 Seh ich dich, geliebte Gegend, wieder?
Ist es möglich? Wer riß mich zu dir?
Sank Sie nicht an jenem Bache nieder?
95 Pflückte Sie nicht Rosen und Violen hier?
Seh ich Ihre Spuren
Nicht auf diesen Fluren
Ueberall? — Wird nicht die Luft umher
Heitrer? — Ha! Sie kömmt! Sie selbst! O Wonne!
100 Wie, heraufgeführet aus dem Meer
Von der Blumengöttinn, du, o Sonne!
Horcht! Vereint Sie göttlichen Gesang
Nicht mit dem entzückensvollsten
 Süßten Harffenklang?

105 [95] Wann erschollen jemals solche Lieder?
Schweigt, ihr Wipfel! Stehe stille, Bach!
Seht! der ganze Himmel läßt sich nieder!
Engel singen Ihre hohen Hymnen nach!
Seht! Verklärte grüssen
110 Sie als Schwester! Giessen
Seeligkeit, wie sie im Himmel quillt,
Ihr im Busen! — „Solche Lieder tönte,
„Als noch meine Seele Staub umhüllt,"
(Zeuget Rowe,) „nie meine Harffe, tönte
115 „Meta, nie die Deinige so süß!
 „Und Ihr ganzes Leben, Meta,
  „Tönet auch so süß! —

 Ha! Wo bin ich? Welche Phantasieen

Füllen mich mit süsser Trunkenheit?
Möchtet ihr doch mindstens niemals fliehen,
Goldne Träume, die ihr meinen Geist erfreut! —
Hier in diesen Gründen
Laßt mich stets Sie finden.
[96] Immer will ich Sie hier suchen gehn!
Hier will ich die träge Zeit verweinen!
(Könnte nur dies ungestört geschehn!)
Hier soll stets der Engel mir erscheinen,
So wie jetzo! — Hört! Mich dünkt, Sie spricht:
„Freund, wir sehn uns noch; dann trennet
„Uns kein Schicksal nicht!" —

Schmitt.

Auf eine gewisse Uebersetzung des Horazes.

Dies Meisterstück verdient die Ehre,
Daß man es allenfalls zween Göttern widmen kann;
Der römische Horaz gehöret der Cythere,
Der deutsche dem Vulkan.

Hensler.

[97] ## An die Bienen,

den Esel Silens zu bestrafen.

Holde Bürgerinnen Hymettens,
Die das Recht vom Himmel empfangen,
Auf Parnassus heiligem Berge
Frey zu streifen, munter zu sammlen,
Zu den Waffen! Arkas ist nahe!
Arkas, des versoffnen Silenus
Ungeschlachter Esel, ist nahe!
Hört ihr nicht sein höckericht Schreyen?
Seht ihr nicht die haarichten Füsse,
Auf den zartgeschriebenen Namen
Unbezwungner Könige, treten?*)

---

*) Die, quibus in terris inscripti nomina regum
Nascantur flores: et Phyllida solus habeto.
Virg. ecl. 3.

[98] Wie viel Schönheit freundlicher Blumen
Geht auf seinem Wege verloren!
Seht, er ritzt mit neidischem Zahne
Die geliebten Bäume der Götter!
Eilt, o eilt! er rüstet sich wirklich,
Eure gelben Lager von Wachse,
Eure honigreichen Palläste
Unbarmherzig niederzuwerfen;
Und die häßlich runzlichte Schnauze,
(Sonst gewohnt, nur stechende Disteln
Auf den Todtenäckern zu kosten,)
Tief in die Geschenke der Götter,
Tief in euren Nektar, zu tauchen.
Zu den Waffen! Eilet geschwinde!
Zieht die allergiftigsten Pfeile
Aus der Scheid, umzingelt den Erbfeind!
Trefft ihn unten, treffet ihn oben!
Bohrt ihm Augen, Lippen und Nase!
Bohrt ihm auch den Ehrgeiz der Ohren!
Macht sein faules Leder zum Siebe!
Bis er, als ein blutiges Opfer,
Vor der Thür des heiligen Tempels
[99] Der versöhnten Grazien falle;
Oder sich, voll Wunden, entschliesse,
Zur gewohnten Peitsche des Müllers,
Und zum Kappzaum wiederzukehren.

O.

47 An den Verfasser des Buchs
vom falschen Religionseifer.

Du schreibst vom falschen Eifer, Freund!
Und Calchas, keck im Widerlegen,
Versteht dein Buch nicht, aber schreibt
Vom wahren Eifer eins dagegen;
Du schreibst fein kurz, und voll Vernunft,
Er schreibt fein lang, und voller Geifer;

Du schreibst vom falschen Eifer wahr,
Und er sehr falsch vom wahren Eifer.
Wm.

[100] **An einen Freund,** 48
der bey den Ruinen von Hohenstaufen wohnte.

Mein Freund, wie elend ist der Stolz des grausen
Beherrschers einer Hand voll Staub!
Er trotzt dem Himmel, und nach kurzen Pausen
Wird er selbst eines Wurmes Raub.

Ihm folget bald der Hüter seiner Urne, 5
Ein weites königliches Grab,*)
Und Stürme schleudern von dem hohen Thurne
Das Denkmal seines Ruhms herab.

[101] Dann liegt der Schädel erbenlos und schändlich,
Der sonst viel Königskronen trug, 10
Und ist oft kaum an einer Wunde kenntlich,
Die ihm zuletzt sein Mörder schlug.**)

[102] Der, nicht vergnügt mit Ländern klügrer Ahnen,
Zwey fremde Kronen sich erwarb,
Erhielt den Ruhm, daß er, umringt mit Fahnen, 15
In Alexanders Bade starb.***)

---

*) Saxis, cinerum custodibus — —
Data sunt ipsis quoque fata sepulcris.
Juven. Sat. X.
**) Kaiser Albrecht I. wurde bekanntermassen von seines
Bruders Sohne, Johann von Schwaben, ermordet. Als die Franzosen
1688. alles am Rhein verheerten, wurden auch die Gräber der
deutschen Kaiser zu Speyer nicht verschont, sondern, zur Schande
unsrer Zeiten, die Knochen dieser alten Beherrscher Deutschlands
herausgeworfen und zerstreut. Unter dem Haufen dieser nicht zu
unterscheidenden Ueberreste machte sich Kaiser Albrechts Hirnschädel
allein, durch die Spuren des gewaltigen Hiebes, kenntlich, den
er von seinem Mörder empfangen hatte.
***) Kaiser Friedrich der Rothbart.

Er hat den Grund zum blutigen Gerüste
Von seines Enkels Tod gelegt;
Jetzt ist sein Stammhaus eine leere Wüste,
20 Die kaum noch seinen Namen trägt.

So oft dein Rohr im Trümmer dieser Höhen
Den Fuchs erreicht, der ihn bewohnt,
So denke, Freund, wie arm sind die Tropäen,
Womit die Zeit den Stolz belohnt!

25 [103] Umsonst winkt uns die Wahrheit, und vergebens
Klagt alles unsre Thorheit an;
Der Mensch will Sturm, und in dem Sturm des Lebens
Frißt jede Welle seinen Kahn.

Umsonst sucht er des Wahren Guten Quelle
30 Weit ausser sich in wilder Lust;
In sich trägt er den Himmel und die Hölle,
Und seinen Richter in der Brust.

Kleinmuth und Stolz macht den Kontrast der Thoren.
Uns, Freund, uns wird er nie entzweyn;
35 Wer edel denkt, hat nie den Zweck verloren
Beglückt und tugendhaft zu seyn.

Frh. von N.

49 [104] **Der alternde Dichter**
an die schöne Louise.
Bey Ihrem Geburtstage.

Im Frühlinge 1771.

Nicht ewig wird die schöne Wange
Wie heute blühn;
Nicht ewig wird der Reiz in Auge, Stimm und Gange
Die Herzen an sich ziehn.

5 Nicht ewig grünt die jugendliche Wiese,
Wie sie an diesem Tage glänzt,

Der die vortrefliche Louise
Mit frischen Blumen kränzt.

[105] Doch fliehe nun mit Blumen und mit Scherzen,
Du sonst so schöne Zeit; 10
Hier wohnt, im edelsten der Herzen,
Ein Reiz, dem nie ein Wechsel dräut.

Durch ihn wird selbst der Winter ihrer Jahre
Schön, wie ihr Frühling, seyn,
Und Herzen werden bis zur Baare 15
Sich ihrem Herzen weihn.

Mein Winter wird mir froh erscheinen,
Wenn ich als Greis, sonst kummervoll,
Im Obdach von vergnügten Hainen,
Nur ihren Sommer sehen soll. 20

E.

[106] **Die Wohlluft.** 50

Freund, die Sirene singt; mit lächelnden
Geberden naht sie sich, die Gauklerinn.
Ihr Auge winkt dir schmeichelnd; aber bald
Hat sie dich wiederum vergessen; wirft
Sich auf ihr Rosenlager hin, und scheint, 5
Vom Purpurlicht, das durch den Baldachin
Von Seide blinket, übergossen, sanft
Zu schlummern; doch nicht lang: und sie erhebt
Von ihrem Lager sich, und schießt nach dir
Den Pfeil, dreymal in Gift getaucht, den scheu 10
Geworfnen, schnell zurückgezognen Blick;
Hüpft tändelnd zu dir hin, gießt schmachtend sich
In deinen Arm, und tanzt ihr Labyrinth
An deiner Hand, und strickt mit jedem Schritt
[107] Dein mattes, schon umschlungnes Herz noch mehr. 15
Du fühlst entzückt den zephyrsanften Arm,
Den Busen, der gehobner, pochender

An beinem raft. — O Tugend! Wer entreißt
Die Binde diesen Augen nun, womit,
20 Ach allzumächtig! sie der Zauberarm
Verrätherischer Lust umwunden hat?
Schon stirbt die Seel auf deinen Lippen, schon
Verlischt das Auge. Taumelnd und berauscht
Hörst du den Freund nicht mehr, sinkst an die Brust
25 Der Göttinn. Liebesgötter scheinen dir
Ein Freudenfest zu feyern, scheinen dich
Mit Rosen zu bestreun, indeß sie dich
In ihre Arme schließt, und zärtlich dich
An ihren Busen drückt, wo du entschläfst,
30 Und Seeligkeiten träumst, und Götterlust.

[108] Hier schläfst du nun, und denkst nicht, welche Qual,
Welch herzzerfolternd Elend über dir
Verhänget ist. Zwar schläft sie noch mit dir
Den süssen Schlaf, die nachtgeborne,
35 Verhaßte Hydra, Reue; doch zu bald
Erwacht sie fürchterlich zugleich mit dir.
Schon sträubet sie den Schlangenhals empor,
Schon schwellt die Wut den Purpurkamm, schon rast,
Schon töbtet es von fern, ihr flammendes,
40 Giftvolles Auge. Dreymal spitzet sie
Die Zung, und nun — nun fällt sie dir ans Herz! —
So lebe wohl hinfort, o Ruhe, du
Der Seele schönstes Glück! Du einzige,
Getreue, himmlische Begleiterinn
45 Der Unschuld, die du liebst, leb ewig wohl!
Dich ruft kein banges Händeringen mehr
Zurücke, kein erstickend Schluchsen, nicht
[109] Der heisse Strom, der von der Wange rollt,
Noch die zehnfache Wut der tobenden
50 Verzweiflung. — Sprich, Betrogener, wo sind
Die süssen Götterfreuden, wo die Lust,
Für die du so bereit des Lebens Glück
Vertauschetest? Wo schläft auf Rosen nun
An schwanenweisser Brust der Göttersohn,

Und träumet Seeligkeit, und Himmelsluft? —
Des Lasters Kettenklang tönt in dein Ohr,
Wohin du gehst. Es wachet über dir
Die Reue; drückt der Geiſſel Dorn dir tief
Ins Mark; löſt in ein Meer von Galle dir
Die ſüſſen Tropfen des Vergnügens auf.
Allein vielleicht entſchlummert ſie zuletzt,
Vielleicht entſinkt der Hand der raſenden
Verfolgerinn die Dornengeiſſel einſt. —
Ach! allzuſchwer iſt der verlaßne Kampf
[110] Zu kämpfen! Schwer der klippenvolle Pfad
Zu ſteigen! — Tauſend Wege krümmen ſich
Zum Laſter, Einer führt zur Tugend hin.
v. K.

Der Deutſche.

Welch Volk, Thuiskons Volk, geſteht den Rang dir zu?
Der Wälſche ſingt und malt vortreflicher als du;
Witz, Zärtlichkeit, Geſchmack, ſich kleiden, kochen, tanzen,
Und was noch alles mehr? lernſt du vom muntern Franzen.
Stolz geht des Britten Blick auf alles Volk umher;
Wo denkt man kühn und ſtark, wo ſpricht man frey, wie er?
Und du, Germanien, was iſt von dir zu melden?
Giebſt du Europen was? Regenten nur und Helden.
Käſtner.

[111] ### An den Morgen.

O Morgen, du erſcheineſt wieder,
Mit Roſen um und um geſchmückt,
O liſple mir, auf welche Lieder
Dein frommes Aug am liebſten blickt!

Ein heiliges Gerücht erzählet,
Ein Dichter, der dich nicht gefühlt,
Hab einſt, von niedrer Luſt beſeelet,
Dir auf der Leyer vorgeſpielt.

Aus einem nächtlichen Getümmel
Schwärmt er ins naſſe Feld hinein,

Und sang dem kaum erwachten Himmel
Von wilden Tänzen, Kuß und Wein.

Und plötzlich wand ein Wolkenschleyer
Sich um dein trauriges Gesicht;
Du weintest; doch sein wildes Feuer
Verlöschte deine Thräne nicht.

Am Hügel schallten andre Töne;
Ein Schäfer sang der stillen Flur
Sein kleines Lied von deiner Schöne,
Und von dem Vater der Natur.

Da strecktest du die Rosenflügel
Erheitert aus der Wolk empor,
Und zogst das kleine Lied vom Hügel
Den üppigen Gesängen vor.

Dir sing ich meine frühen Lieder,
Und dem, der dich in Gold geschmückt;
O, blicktest du auf mich hernieder,
Wie du den Schäfer angeblickt!

Thomsen.

53 Cornar.

Ich speise keinen Tag zu Hause,
Prahlt oft Cornar.
Der Mann spricht wahr.
Denn bittet niemand ihn zum Schmause,
So hungert Cornar.

Hensler.

[Vignette]

54 Die Freundschaft.

Weil Tugend nicht, noch Geistesgabe,
Den Eigensinn des Schicksals rührt,
Das uns den kurzen Weg zum Grabe

Durch Blumenflur und Wüste führt,
Weil alles hier den Wechsel fühlet,
Das Glück mit unsern Wünschen spielet,
Das beste Herz sich oft verirrt,
Und seines Irrthums Opfer wird;
Soll ich, mit finsterm Blick und träge,
[114] Tief in mich selbst verhüllet, gehn;
Nicht Blumen pflücken, die am Wege
Sich duftend mir entgegen blähn?
Vorübereilend frostig grüssen
Den guten frommen Wandersmann;
Nicht freundschaftlich mich an ihn schliessen,
Und, ach! so lang ich immer kann,
Das Glück, ein Mensch zu seyn, geniessen?
Erfindungsreich zu ihrer Qual
Ist die Vernunft, die dieß befahl.
Zum Vorrecht ist sie uns gegeben,
Doch, ach! indem wir uns, durch sie,
Vor allen Thieren stolz erheben,
Verbittern wir uns selbst das Leben,
Und erndten Gram für unsre Müh.
Ein guter Gott hat nicht vergebens
Gestreuet Freuden ohne Zahl
Auf die bedornte Bahn des Lebens;
Er läßt von allen uns die Wahl.
Hier beut der Reichthum seine Schätze;
Dort zeigt der Ruhm uns goldne Plätze,
[115] Noch unerfüllt im Götterchor;
Auch steigt im lachenden Gefilde
Der Tempel Amors dort hervor;
Daß er sein rohes Herz zur Milde,
Zur Anmuth seine Sitten bilde
Eilt flatternd ihm der Jüngling zu;
Ihn suchet lächelnd selbst der Weise,
Und sammlet hier, durch kurze Ruh,
Sich neue Kräfte zu der Reise.
Ruhm, Liebe, Reichthum, weicht zurück!

Erhabne, sanfte Seelen finden,
Sich sehen, Sympathie empfinden,
In Einem heitern Augenblick
Auf Ewigkeiten sich verbinden;
45 Dieß ist der Menschheit erstes Glück,
Nur dieses Glück kann mich entzünden!
Es ist so reizend, seinem Pfad,
In Wüsten, die kein Fuß betrat,
Mit einem Freunde nachzuspüren;
50 So reizend, mit geschlungner Hand,
An einer gähen Tiefe Rand,
Auf morschen Stegen, sich zu führen;
[116] Dem Durstenden, aus hohler Hand,
Den ersten Labetrunk zu bringen;
55 Wenn Stürme gegen Stürme ringen,
Und Wanderern Verderben dräun,
Mit ihm des Mantels Schutz zu theilen,
Und, in dem schauervollsten Hain,
Wo Räuber lauren, Wölfe heulen,
60 Beym Mittagsstral, bey Mondenschein,
Durch Unschuld sicher, zu verweilen.
Noch reizender, des Schöpfers Macht,
Mit der Musik des Hains zu preisen;
In einer hohen Linde Nacht
65 Am Tische der Natur zu speisen;
Bey jedem müherfüllten Gang
Sich zu ermuntern mit Geschwätzen,
Und, unter freudigem Gesang,
An kühle Bäche sich zu setzen.

70 O Freundschaft, erstgebornes Kind
Des liebevollesten der Wesen,
Süß, wie die Träume vom Genesen
[117] Dem hofnungslosen Kranken sind!
O, dieses Lebens Labyrinth,
75 Was wär es ohne dich? Verbreite
Dein mildes Licht auf meinen Schritt!

Stolz auf dein göttliches Geleite,
Geh ich, wohin du führest, mit.
Als Knaben hast du mich getragen,
Als Jüngling warnend mich gelenkt; 80
Erbarmt hast du dich meiner Klagen,
Auf Wunden, die du mir geschlagen,
Mit neuen Freuden mich getränkt.
Dich will ich im Genuß verehren,
Dir will ich danken im Verlust; 85
Es stillen sich des Abschieds Zähren
An eines neuen Freundes Brust;
Oft, wenn das wunde Herz noch blutet,
Führt den Gefährten unvermuthet
Ein Umweg wieder auf uns zu; 90
Die frühe sich verloren hatten,
Begegnen sich im Abendschatten,
Und gehen Hand in Hand zur Ruh.

[118] Ihr, meiner Wallfahrt erste Wonne,
Ihr Edlen, die mein Arm umschloß, 95
Als noch auf uns die Morgensonne
Ihr allbelebend Feuer goß;
Vergebens grüsset euch mein Seegen,
Vergebens wallt euch meine Brust,
Streckt sich, zur süßgewohnten Lust, 100
Mein Arm dem eurigen entgegen;
Ihr seyd zerstreut! Auf fernen Wegen
Muß ich, ein Spiel des Schicksals, gehn!
O! werd ich in den dunklen Gründen,
Wodurch sich meine Schritte winden, 105
Nicht Einen von euch wieder sehn?

Gotter.

Reliquien.

Wißt ihr, warum Frau Velten
Von unsrer Kirche sich verirrt?

Sie weiß, daß sie bald Funfzig wird,
Und daß Reliquien bey uns gar wenig gelten.
Hensler.

Ueber Gottes Allgegenwart.

Du bist es! Ja, du bist,
Allgegenwärtiger,
Du bist es! Dort und hier,
Und hier, und überall,
Du Grosser, wandelst du!
Du wandelst, Heiliger!

Hier steht ein Veilchen, hier!
Und eine Sonne dort;
Und dort und hier bist du!
Du bist im Hauch, im Sturm,
In Licht, in Finsterniß!

In Licht und Finsterniß,
Du Grosser, wandelst du!
Du wandelst, Heiliger,
Auf einem Sonnenstaub,
Und einer Welt! Du bist
Allgegenwärtig hier
In diesem Blumenthal,
Und hörst mein schwaches Lied,
Und hörst, Allmächtiger,
Am Fusse deines Throns
Eloa's Harfenklang;
Eloa's! — Steig hinauf,
Gedanke, steig zu Gott,
Zu deinem Gott hinauf!

Der du Eloa's Gott,
Und meiner bist, du hörst,
Du hörest ihn, und mich,
Und diese Lerche, die

Zu deinem Himmel steigt,
Und diese Biene, die
Auf deine Rose sich
Sanftsummend nieder läßt.

[121]
Ach, wenn du denn mich hörst,
Allgegenwärtiger,
Ach, so erhöre mich,
Erhöre mich, und gieb,
Daß deine Gegenwart
In meinem Leben stets
Vor meinem Auge sey,
Daß ich geflissentlich,
Das alles, was gedacht
In meiner Seele wird,
So denk, als denk ich es
In deiner Gegenwart,
Und alles, was ich thu,
So thu, als thu ich es
In deiner Gegenwart;
Damit, Allmächtiger,
Wenn deine Geisterwelt
Vor ihrem Richter steht,
Und dann Eloa mich
Betrachtet, ich vor ihm,
Und seinem Blick in Nacht
Nicht schwinden darf; und nicht
Entfliehen darf vor dir,
Allgegenwärtiger,
In eine Felsenkluft!

Gleim.

[122]   Die Rückkehr.

Von dem täuschenden Wahn erwacht,
Geb ich ißo des Nords Fittigen zu verwehn
   Die verschmähete Liebe hin.
Die Mänade, vom Hauch Evans getrieben, rast

5   Nicht mit brausendem Thyrsus so,
   So die Pythia nicht, wenn das Orakel ihr
   Im arbeitenden Busen kocht,
   Als der raset, auf den Amor den Köcher leert.
   Hat die Liebe der Grajer Wut
10 Nicht zehn Sommer entflammt? Hat sie nicht Ilions
   Goldene Thürme gestürzet, und
   Des dardanischen Volks Heldengeschlecht erwürgt? —
   Ha! wie hat mich die Gluth verzehrt!
   Ha! wie hat sie das Mark meines Gebeins verbrannt,
15 [123] Und die schwindende Haut geschrumpft!
   Wie ward öfters mein Stolz tief in den Staub gebeugt,
   Wenn ich meiner Gebieterinn
   Mir verschlossene Thür nächtlich belagerte,
   Und nicht Regen, nicht schneidenden
20 Hagel achtete, noch stürmender Winde Wut!
   Jetzt entzückt mich kein Mädchen mehr,
   Jetzt kein tändelnder Kampf, noch ein ersiegter Kuß;
   Jetzt entzückt die latonische,
   Hohe Weisheit mich nur, welche der Liebe lacht,
25 Und, in Schlüssen verloren, mit
   Stolzgerunzelter Stirn lockende Nymphen sieht.
   Doch, ach Phyllis! was schielt mein Blick
   Nach der blendenden Brust, wenn sie den Schleyer hebt?
   Was verfolgt dich mein Fuß, wenn du
30 [124] Unter Blumen entschläfst, oder im finstern Hain,
   Oder, wenn du erröthend in
   Kühle Fluten den Reiz marmorner Glieder tauchst?
                                                      Vß.

58   Der Vetter.

   O der verwünschte, böse Vetter!
   Kaum geben mir die guten Götter
   Den Anblick meiner Sylvia,
   So ist auch gleich der Vetter da.
5 Zum Unglück mußte der auf Erden
   Just meiner Schönen Nachbar werden!

Von wegen seiner Nachbarschaft
Kann man ihn nicht vom Halse treiben;
Von wegen seiner Vetterschaft
Sieht man ihn jeden Abend bleiben. 10
Nichts bleibt uns übrig, als die Nacht;
Doch die ist nicht für mich Unglücklichen gemacht.

3.

[125] **An den Fabullus.*)**

Morgen sollst du bey mir, wie ein König,
Sind die Götter dir gewogen, speisen:
Wohlverstanden, wenn du deine Küche,
Deine leckre, wohlgespickte Küche,
Attisch Salz, und Chierwein, und Scherze, 5
Und dein blondes Mädchen mit dir bringest.
Wie ein König sollst du bey mir speisen,
Wenn du, sag ich, alles mit dir bringest.
Denn, ach leider! deines Freundes Beutel,
Mein Fabullus, ist voll Spinneweben. 10
Doch statt dessen will ich dich mit Blicken
Voll Empfindungen der treusten Liebe,
Und mit schönern Sachen noch bedienen:
Denn ich will dir einen Balsam geben,
Den die Grazien und Amoretten 15
[126] Meinem holden Mädchen einst verehrten.
Wenn du diesen einmal nur gerochen,
Wirst du Götter und Göttinnen bitten:
Macht, o macht mich doch zu lauter Nase!

C.

Das Geschrey der Kabale.

Und Damon, grämt dich denn ein Wort
Der kleinen Neidgesellen?
Der hohe Mond — er leuchtet dort,
Und läßt die Hunde bellen,

---

*) S. Katulls 13tes Sinngedicht.

Und schweigt, und wandelt glänzend fort,
Was Nacht ist, aufzuhellen.

C.

Die Nachbarinn.

Ich weiß ein Mädchen, das ist schön,
Und wohnt nicht weit von mir;
Ich kann sie alle Morgen sehn,
Dann steht sie vor der Thür,
Und lächelt mich so freundlich an,
Daß ich es nur empfinden kann,
Wie freudig ich dann bin.
So tief, wahrhaftig, bück ich mich
Für keinen König, als für dich,
Geliebte Nachbarinn!

Es ist ein Mädchen, wie ein Rohr,
Gerade, schlank und fein;
Ihr Busen wallet hoch empor,
Nichts kann so reizend seyn.
Ihr Auge blitzet wie ein Stern;
Kein Goldstück nähm ich halb so gern
Als einen Blick von ihr.
Ihr Mund ist klein, und rosenroth,
Beynahe gieng ich in den Tod,
Um einen Kuß von ihr.

Man hat mir zwar schon oft gesagt,
Der Tod sey nicht so leicht:
Und, wenn mich wo ein Fieber plagt,
Scheint er mir selbst nicht leicht.
Doch steht mein kleiner Engel mir,
Einmal des Abends vor der Thür,
Und das zwar ganz allein,
So kanns kein falscher Nachbar sehn,
So soll, ohn in den Tod zu gehn,
Ein Kuß mir sicher seyn.

Fu.

Der Kater. 62

Ein Mensch, der stolz auf Nichts, auf Ahnen,
Sein Handvoll armer Unterthanen
Mit Frohnen drückt, mit Jagden quält,
Der, wie im Orient ein Sieger,
Ihr Blut sogar zu seinen Gütern zählt, 5
Der ist ein Kater, dem zum Tyger
Nichts als die Grösse fehlt.

Frh. v. N.

[129] ### Blaubart. 63
Eine Romanze.

Blaubart war ein reicher Mann,
Hatte Haus, und Hof, und Garten,
Schmauste, zechte, spielte Karten,
Lebte wie der Tartar Chan.

Stark war seines Körpers Bau, 5
Feurig waren seine Blicke,
Aber, ach! ein Mißgeschicke!
Aber, ach! sein Bart war blau.

Doch durch seines Goldes Kraft
Trieb er jedes Herz zu Paaren, 10
Und schon zwanzig Weiber waren
Durch den Tod ihm weggerafft.

Er läßt, immer fort zu freyn,
Sich die Mühe nicht verdriessen,
Setzt, den Antrag zu versüssen, 15
Stets die Frau zur Erbinn ein.

[130] Von zwey Schwestern der Galan
Wird er jetzo; Schmausereyen,
Schauspiel, Ball und Mummereyen
Stellt er ihrentwegen an; 20

Bietet ihnen Geld wie Heu. —
Einstens, als sie Kaffee trinket,
Spricht die jüngste: Hum! Mich dünket,
Daß sein Bart so blau nicht sey.

Frisch gewagt ist halb gethan;
Hurtig muß ihn Trulle freyen;
Schauspiel, Ball und Schmausereyen
Gehen nun von neuem an.

Drauf führt er sein Weibchen fort;
Ein Kabriolet mit Sechsen
Bringt, als könnte Blaubart hexen,
Sie an den bestimmten Ort.

[131] Gleich der Feen Königinn
Lebt hier Trulle, sonder Sorgen;
Vor dem Spiegel geht der Morgen,
Und beym Spiel der Abend hin.

An Tapeten, Kanapeen,
Schildereyn, Trümeaux und Vasen
Können Tanten sich und Basen
Stundenlang nicht müde sehn.

Dann kömmt der Bewundrung Reih
An den Schatz von Küch und Keller;
Unversuchet bleibt kein Teller,
Und kein Glas geht voll vorbey.

Ja man packt, beym Lebewohl,
Um noch unterwegs zu naschen,
Mit Konfekt und Wein die Taschen,
Und die Mantelsäcke voll.

[132] Unter manchem tiefen Knicks
Wird die ältre Schwester Aennchen,

Fromm und sittsam, wie ein Nönnchen,
Täglich Zeuginn ihres Glücks.

Da sah man kein bös Gesicht;
Täubchen! hieß es nur, und: Püppchen!
Dann und wann schlug Trull ein Schnippchen,
Doch er that, als säh ers nicht.

Es bewegt ihr Ehestand
Hagestolze selbst zum Neide;
Aber Leid folgt oft der Freude,
Grosses Glück hat nicht Bestand!

„Ich verreise, sprach er einst,
Nimm die Schlüssel, liebe Trulle!
Zimmer, Kisten und Schatulle
Stehn dir offen, wenn du meynst.

Nimm dir einen Cicisbee,
Um dich zu besennühiren!
Spiel im Schachbrett, geh spatzieren,
Schauckle dich, und trinke Thee!

Flieh die schwarze Kammer nur,
Sonst ist dir der Tod geschworen!" —
Noch schallt er in ihren Ohren,
So vergißt sie auch den Schwur;

Bricht vor Eile bald das Bein;
Krack! so springen alle Riegel,
Und der schwarzen Kammer Flügel
Oefnen sich; sie wischt hinein.

Was sie hier für Greuel sah!
Blut in Strömen! todte Leiber!
Blaubarts alle zwanzig Weiber
Hiengen, wie Gewehre, da.

[134]   Hier verläßt sie Sprach und Muth.
         Unter tragischen Geberden
         Fällt ein Schlüsselchen zur Erden,
         Und beflecket sich mit Blut.

85   Was sie sich für Mühe gab!
         Zehnmal wischte sie, und rieb es;
         Blutig war es, blutig blieb es,
         Und das Blut gieng nimmer ab.

         Noch vor Nacht kömmt ihr Barbar,
90   Fragt, mit aufgeworfnem Rüssel:
         „Weib, wo hast du meine Schlüssel?" —
         Zitternd reicht sie sie ihm dar.

         „Sind es alle? — Laß doch sehn!
         Einer fehlet, schaff ihn wieder!" —
95   Thränend stürzt sie vor ihm nieder,
         Und bekennet ihr Vergehn.

[135]   „Gut! So weißt du dein Geschick!
         Jene dort sind dein gewärtig.
         Mache dich zur Reise fertig!
100   Dein ist noch ein Augenblick!" —

         Schleppt sie drauf, mit eigner Hand,
         In des Hofes innre Mauer,
         Wo, in feyerlicher Trauer,
         Ein verfallner Wachtthurm stand.

105   Trulle sträubt sich, zappelt, schreyt:
         „Aufschub! Aufschub! Ich will sterben;
         Doch, die Seele vom Verderben
         Zu erretten, laß mir Zeit!" —

         Aennchen läuft, auf ihr Geschrey,
110   Athemlos zum nahen Thurme;

Schauet, ob dem armen Wurme
Hülfe noch zu schaffen sey.

[136] Er, der auf und niedergeht,
Und den Hut ins Auge drücket,
Spricht, da er den Säbel zücket: 115
„Bet ein kurzes Stoßgebet!" —

Trullen stockt des Blutes Lauf
Beym gezückten scharfen Säbel;
Schon umringt vom Todes Nebel
Seufzet sie zum Thurm hinauf: 120

„Schwester Aennchen, siehst du nichts?" —
„Stäubchen, in der Sonne drehen,
„Und des Grases Spitzen wehen;
„Schwesterchen, sonst seh ich nichts!" —

„Schwester Aennchen, siehst du nichts?" — 125
„Stäubchen fliegen, Gräschen wehen." —
„Aennchen läßt sich sonst nichts sehen?" —
„Schwesterchen, sonst seh ich nichts!" —

[137] Trulle fragt ohn Unterlaß.
Aennchen ruft: „Sey guter Laune! 130
„Dort, beym Hagebuchenzaune,
„Reitet man im starken Paß.

„Jetzo sprengt man - - langt schon an!" —
Trullens beyde Herren Brüder
Kamen von der Beitze wieder 135
Mit dem schönsten Auerhahn.

Blaubart kriegt den Tod zum Lohn,
Wird gekocht in heisser Lauge;
Trulle kömmt mit blauem Auge
Diesesmal noch so davon. 140

Weiber bleiben wie sie sind;
Ihre Neugier auszurotten
Hilft nicht predigen, nicht spotten;
Predigt, spottet in den Wind!

Gotter.

64 [138] Der Verliebte.

Wie so blaß und bleich, o Jüngling,
Wie so bleich und blaß?
Kannst du munter nicht gefallen,
Bleich — gefällt denn das?

5   Wie so stumm und dumm, o Jüngling,
Wie so stumm und dumm?
Kannst du sprechend sie nicht rühren,
Rührt man sie denn stumm?

    Sprich, und schäme dich, o Jüngling!
10 Zwingt das alles wohl?
Will sie willig dich nicht lieben,
Sprich, warum sie soll?
Sprich, bist du nicht toll?

M.

65 [139] An Kallisten.

[Mit Musik von F. G. Fleischer]

Hier will ich um Kallisten klagen,
Hier, in dem Schooß der Nacht, allein!
Hier darf ein Auge Thränen wagen,
Dem Tage mit Verräthern bräun.
5   Drängt dicht euch an mich, dichte Schatten!
Sey schwärzer, dunkle Mitternacht,
Laß Schrecken sich mit Schrecken gatten,
Sey ganz für meinen Schmerz gemacht!

    Kalliste! — Name, den mit Feuer
10 Der Himmel mir ins Herze schrieb!

Gedanke, meinem Schmerze theuer,
Und ewig meiner Seele lieb!
Kalliste, sieh Alzindorn weinen,
Um dich — sonst weint Alzindor nicht, —
Dem keine Güter reizend scheinen,
Dem ausser dir kein Glück gebricht!

Sieh, wenn du kannst, noch diese Zähren!
Doch nein! Verbirg sie, Mitternacht!
Sie möchten Augen weinen lehren,
Worinn zu schön die Unschuld lacht.
Geniesse deiner Jugend Freuden,
Kalliste, glücklich sey dein Herz!
Mir nur, mir laß der Liebe Leiden,
Und mir allein der Trennung Schmerz!

Vergiß des Abschieds grosse Stunde —
O Gott, mir steht sie schrecklich da,
Sie, die mein Glück auf ihrem Munde
Nun sterben, und sie zittern sah!
Sie ists, um die von meinen Tagen
Der Rest in Trauer vor mir steht,
Und jeder, hergeführt von Klagen,
In schwarzer Tracht vorübergeht!

Für deine Ruh hätt ich mein Leben,
Schon da, als Glück und Hoffnung wich,
Mit dir mein Alles hingegeben;
Doch ewig, ewig lieb ich dich!
Dein Bild drängt, mit dem letzten Blute,
Noch in mein sterbend Herz sich ein,
Und die entscheidende Minute
Soll halb noch für Kallisten seyn.

NN.

Der junge Dichter.

Wie früh wird unsre Jugend klug!
Kaum trägt ein Bube Hosen,

So fühlt er sich schon stark genug,
Die Musen liebzukosen;
Fritz wird gedruckt im zwölften Jahr,
Und, mit gleich starkem Muthe,
Reicht er sein Haupt dem Lorbeer dar,
Und seinen — der Ruthe.

Hensler.

67[142] In ein Exemplar der Oden
nach dem Horaz für den ländlichen Dichter Thomsen.

Für einen König ward dieß kleine Buch bestimmt;
Die Muse spottete darüber.
Ein Hirte, sprach sie, nähm es lieber,
Als es der König nimmt.
Es lehret keine Schätze graben,
Und es beweiset keine Gaben
Der löblichen Finanzerey.
Die edle Liedersängerey
Wird keines Königs Herze laben.
Dein kleines Buch = = Es ist vorbey,
Sagt ich, der Hirte soll es haben.

Gleim.

68[143] Punchlied.

Heil ewig, Vater Bacchus, dir!
Wir trinken dir im Reihen!
Die Menschen lehrtest du zuerst
Die Kunst sich zu erfreuen!

Zween Löwen zogen durch die Welt
Den epheuvollen Wagen;
Der hohe Thyrsus schwankt um dich,
Vom trunknen Faun getragen;

Durch heisse Zonen zogst du her;
Da war in weiten Gründen

Dem harten Durst kein Labetrunk,
Kein edler Wein zu finden;

Geringre Kühlung auch gebrach
Aus silberreinen Quellen,
Nur dampft in tiefer Höhl ein See, 15
Und sprudelt heisse Wellen.

[144] Du sahst mit Zuckerrohr und Reiß
Bepflanzt ringsum die Felder;
Zitronen lachten um dich her,
Und Pomeranzenwälder; 20

Du schöpftest aus dem heissen See,
Thatst Rack, aus Reiß geronnen,
Und, was das Land dir bot, dazu;
So ward uns Punch gewonnen!

Heil ewig, Vater Bacchus, dir! 25
Wir trinken dir im Reihen!
Die Menschen lehrtest du zuerst
Die Kunst sich zu erfreuen.

J.

Das Gift. 69

Ists wunderbar, wenn fremde Seuchen
In unser Blut sich täglich schleichen?
Ihr trefft ja keinen Menschen an,
Der ohne Gift mehr leben kann.

Frh. v. N.

[145] [Vignette]

Auf einer Reise bey Friedberg 70
über das Schlachtfeld.

Im Frühling 1769.

Halt Wagen! Hier, auf Friedbergs stillen Höhen,
Will ich, mit Ernst des Todes, um mich her

Auf die einst eisernen Gefilde sehen.
Bellona wütet hier nicht mehr.

[146] Nicht mehr? Ja, das Gebrüll, die Donnerstimme
Des Krieges rollt nicht mehr durch diese Flur,
Und Mars zertritt nicht mehr mit wildem Grimme
Die reiche Schönheit der Natur;

Und aus der Gallier verwesten Schädeln
Sproßt auf den Bergen besser Frucht herauf,
Und aus dem Staube der erschlagnen Edeln
Stehn nun des Thales Blumen auf.

Sie sind geheilt des Ackers alte Wunden,
Das Antlitz der Natur glänzt wieder hoch:
Allein der arme Staat ist unverbunden,
Und seine Wunden bluten noch.

[147] Der Menschheit Glück, ihr weisestes Verlangen,
Gesundheit, ist von diesem Volk entflohn,
Und alle Rosen von der Mädchen Wangen,
O Jammer! alle sind entflohn.

In Schlössern Armuth, Armuth in den Hütten
Peitscht sie, wie eine Furie so streng.
Grausamer wütet noch die Pest der Sitten,
Des siechen Galliers Geschenk.

Sein Krieg ist nicht die Schlacht, nicht Feindes Sterben;
Er propfte seine Laster in ihr Blut,
Verewigte den Enkeln das Verderben,
Und mischte Gift mit welscher Wut.

[148] Fort, Wagen, auf den Knochen des Barbaren,
Der stets mein armes Vaterland bekriegt,
Der, nicht durch Tapferkeit von seinen Schaaren,
Durch seine Sitten grausam siegt!

Sanft rolle hin im blumenreichen Grunde,
Worinn der Patrioten Gräber blühn,
Damit dein Gang der Veilchen keins verwunde,
Die auf der Helden Asche glühn!

Frh. v. N.

Als Daphne Blindekuh spielte.

So gern er auch verborgen bliebe
Entzückt dein Reiz doch jedermann;
Verbunden sahe man dich für den Gott der Liebe
Mit offnen Augen jetzt für seine Mutter an.

Z.

Das Dörfchen.

Ich rühme mir
Mein Dörfchen hier!
Denn schönre Auen,
Als ringsumher
Die Blicke schauen,
Sind nirgends mehr!
Welch ein Gefilde!
Kein Dietrich fand
Zu einem Bilde
Den Gegenstand!
Hier Felsenwand,
Dort Aehrenfelder
Und Wiesengrün,
Dem blaue Wälder
Die Gränze ziehn;
An jener Höhe
Die Schäferey,
Und in der Nähe
Mein Sorgenfrey;
So nenn ich meine
Geliebte, kleine
Einsiedeley,
Worinn ich lebe,

Zur Lust versteckt,
Die ein Gewebe
Von Ulm und Rebe
Grün überdeckt;
Dort kränzen Schlehen
Die braune Kluft,
Und Pappeln wehen
In blauer Luft;
Mit sanftem Rieseln
Schleicht hier gemach,
Auf Silberkieseln,
Ein heller Bach,
Fließt unter Zweigen,
Die über ihn
Sich wölbend neigen,
Bald schüchtern hin,
Läßt bald im Spiegel
Den grünen Hügel,
Wo Lämmer gehn,
Des Ufers Büschchen,
Und selbst die Fischchen
Im Grunde sehn;
Da gleiten Schmerlen,
Und blasen Perlen;
Ihr schneller Lauf
Geht bald hernieder,
Und bald herauf
Zur Fläche wieder.

Schön ist die Flur;
Allein Elise
Macht sie mir nur
Zum Paradiese.

Der erste Blick
Des Morgens wecket
Auch unser Glück;
Nur leicht bedecket

[152]

Führt sie mich hin,
Wo Florens Beete
Die Königinn
Der Morgenröthe
Mit Thränen näßt,
Und Tropfen blitzen
Auf allen Spitzen
Des Grases läßt.
Die Knospe spaltet
Die volle Brust;
Die Blume faltet
Sich auf zur Lust;
Sie blüht, und blühet
Doch schöner nicht,
Als das Gesicht
Elisens glühet.

[153]

Wanns heisser wird
Geht man selbander
Zu dem Mäander,
Der unten irrt;
Da sinkt zum Bade
Der Schäferinn
An das Gestade
Das Röckchen hin.
Soll ich nicht eilen;
Die Lust zu theilen?
Der Tag ist schwül,
Geheim die Stelle,
Und klar und kühl
Die Badequelle.

Ein leichtes Mahl
Mehrt dann die Zahl
Von unsern Freuden;
Im weichen Gras,
An Pappelweiden,

Steht zwischen beyden
Das volle Glas;
Vom Trunk erweitert
Wird nun das Herz,
Und Witz erheitert
Den sanften Scherz.
Sie kömmt, und winket;
Und schenkt mir ein,
Und lachend trinket
Sie selbst den Wein;
Flieht dann, und dünket
Sich gut versteckt,
Doch, bald entdeckt,
Muß sie mit Küssen
Den Frevel büssen.

Nun mischet sie
Die Melodie
Der süssen Kehle
In das Ahi
Der Philomele,
Die so voll Seele
Nie sang, wie sie.
So zirkelt immer
Lust, und Genuß,
Und Ueberdruß
Befällt uns nimmer.

O Seeligkeit!
Daß doch die Zeit
Dich nie zerstöre!
Mir frisches Blut,
Ihr treuen Muth
Und Reiz gewähre!
Das Glück mag dann,
Mit vollen Händen,
An jedermann,

Der schleppen kann,
Sich arm verschwenden;
Ich seh es an,
Entfernt vom Neide,
Und singe dann
Zum Tanz der Freude:
Ich rühme mir
Mein Dörfchen hier!

U.

[156] **Verse bey Gelegenheit der Aufnahme eines schönen Geistes unter die vierzig besoldeten Mitglieder der französischen Akademie zu Paris.**

Von Schreibesucht den Dichter zu entwöhnen,
Brauchts zu Paris in Wahrheit wenig Müh:
Wohl eingepackt in einen Stul mit Lehnen
Erhebt man ihn in die Akademie.
Gleich gähnt er, schläft, und schnarchet um die Wette;
Gleich hält sein Kiel mit Bücherschreiben ein.
Der sanfte Stul scheint, was das Ehebette
Dem Amor ist, dem schönen Geist zu seyn.

O.

[157] **An den Herrn Sekr. K. in H.**
den 20. Dec. 1768.

Dreymal bringt Titans goldner Wagen
Das Jahr vom Süderpol zurück;
Und, taub bey ungestümen Klagen,
Erhört mich nie mein falsches Glück.
Die schönsten meiner Frühlingsstunden
Sind ungenossen mir verschwunden;
Bald wird für mich im dunklen Hain
Kein Echo mehr bezaubernd seyn.

Wenn sonst, in Nacht und Laub verborgen,
Pandions Tochter zärtlich sang,

Und meine jugendlichen Sorgen
Ihr sympathisch Lied bezwang,
Schlief ich an moosbewachsnen Bäumen
Und sah, in kummerlosen Träumen,
Ein Kind, durch Reiz und Anmuth schön,
Oft lächelnd mir zur Seite stehn.

[158] Aus Veilchen, die ihr Haupt umkränzten,
Ergoß sich süsser Nektarduft;
Und Rosen, die am Busen glänzten,
Erfüllten um mich her die Luft.
Einst sprach die Unschuld, die sie führte,
Indem ihr holder Blick mich rührte:
„Hier, Jüngling, dieses Kind ist dein;
„Bemüh dich ihrer werth zu seyn!" —

Wie groß ward nachmals mein Entzücken,
Als Phyllis mir zur Seite stand,
Und ich in ihren sanften Blicken
Mein holdes Mädchen wieder fand!
Doch seit der wehmuthsvollen Stunde
Verbirgt mein Herz noch seine Wunde;
Schon dreymal kehrt der Lenz zurück,
Und Seufzer flehn umsonst mein Glück.

[159] Du, den am Busen deiner Schönen
Kein unerfüllter Wunsch mehr quält,
Sprich, Freund, in welchen Wundertönen
Hast du dein Leiden ihr erzählt?
Komm, lehre mich die Kunst zu klagen;
Dann will ich meinen Antrag wagen:
Auch meiner Phyllis sanftes Herz
Fühlt sympathetisch fremden Schmerz.

Bn.

75 Wein und Wasser.

Blitzegeborner Bacchus,
Im Feuer erzeugt, an Quellen erzogen,

Von Nymphen gepflegt, hast Nymphen geliebet,
Blitzegeborner Bacchus!
So will ich denn auch unschuldiger Nymphe
Dich freundlich vermählen.

O.

[160] **Süsser Wahn.** 76

Wer grübe sich nicht selbst sein Grab,
Und würfe froh die Lebensbürd hinab,
Wenn süsser Wahn nicht wäre?

Nimm dir den Wahn,
Und sieh, dein Ruhm sey Lüge,
Sey Tand, sey Rauch!

Nimm mir den Wahn,
Auch Psyche, Psyche trüge,
Sie täusche auch!

O Freund, wer grübe nicht sein Grab,
Und würfe froh die Lebensbürd hinab,
Wenn süsser Wahn nicht wäre!

M.

[161] **Lykas und Myrtha.** 77

Es war schon tiefe Mitternacht,
In welcher fest des Schlafes Macht
Die Augenlieder band,
Als Myrtha's grauser Schatten sich
Ans Lager ihres Lykas schlich,
Und ihm zu Füssen stand.

Blaß, eines Wintermorgens Bild,
War itzt ihr Angesicht, verhüllt
In Ernst und Dunkelheit;
Es hielt die Hand, wie Liljen weiß,
Bedeckt mit kaltem Todesschweiß,
Ein langes Sterbekleid.

So stirbt des schönsten Mädchens Blick,
Wenn früh ein zürnendes Geschick
Die Blüthe welken heißt.
Dieß ist der Könige Gewand,
So bald des ernsten Todes Hand
Dem Haupt die Kron entreißt.

[162] Einst blühte sie, dem Veilchen gleich,
Das aufkeimt, und am Silberteich
Des Morgenthaus genießt;
Und ihrer Wangen Röthe glich
Der Rosenknospe, wenn sie sich
Dem Auge kaum entschließt.

Doch, wie die Knospe, die schon lacht,
Ein Wurm im Herzen welken macht,
Verzehrte Liebe sie;
Der Wangen Rose welkte bald,
Es schwand die göttliche Gestalt,
Sie starb, sie starb zu früh.

„Erwache! — rief sie — sieh mich hier,
Die treue Myrtha, die vor dir,
Enteilt dem Grabe, steht!
Jetzt höre, treuvergeßner Mann,
Ein liebevolles Mädchen an,
Das einst umsonst gefleht!

[163] Dieß ist die Zeit der Mitternacht,
Die aus der stummen Gräber Nacht
Gekränkte Geister weckt;
Wo, mit des Dunkeln Schaur vereint,
Verschmähte Zärtlichkeit erscheint,
Und Ungetreue schreckt.

Denk, Lykas, wenn du nun erwachst,
An das, was schwörend du versprachst,

An mir verheißnes Glück; 45
Und gieb die Schwüre, die ich that,
Die keiner sonst von mir erbat,
O, gieb sie mir zurück!

Erquickend, sprachst du, wie das Licht,
Ist mir, o Myrtha, dein Gesicht; 50
Und sahst doch seine Schmach?
Mein liebend Herz, ganz war es dein,
Du schwurst, ihm ewig treu zu seyn;
Und sahst doch, wie es brach?

[164] Meineidiger, o! sagtest du 55
Mir nicht auf ewig Liebe zu,
Und konntest mich verschmähn?
Und Augen, die so oft dein Lob,
Wenn sie dir lächelten, erhob,
So fühllos weinen sehn? 60

Was nanntest du, der mich verließ,
Die Küsse meiner Lippen süß,
Wenn du sie kühn geraubt?
Und, ach! warum war doch von mir
Unschuldgem, jungen Mädchen dir 65
Die Schmeicheley geglaubt?

Blick her! des Mundes Lächeln wich,
Die volle Wang entfärbte sich,
Die Lipp ist nicht mehr roth.
Der Augen milde Glut verschwand; 70
Sie schloß, mit dunkler, schwerer Hand,
In ewge Nacht der Tod.

[165] Des Lebens Lust kenn ich nicht mehr,
Nur Würmer seh ich um mich her,
Und Leichentuch und Gruft. 75
Ich modr in kalter langer Nacht,

Bis mich, umglänzt von Licht und Pracht,
Der letzte Morgen ruft.

Doch horch! Mich warnt der Hahn! Ich soll
Dich lassen, Lykas! — Lebe wohl!
Nie stör ich wieder dich!
Doch komm, du Mann, der heuchelnd triegt,
Komm nach, und sieh, wie tief sie liegt,
Die dir zur Lieb erblich!" —

Die Lerche singt, der Morgen lacht,
Und hebt, in neubeseelter Pracht,
Sein Stralenhaupt empor.
Voll Furcht, vom Traumgesichte matt,
Hebt bebend von der Lagerstatt
Sich Lykas itzt empor.

Kaum seiner mächtig eilt er fort,
Eilt an den schaudervollen Ort,
Wo Myrtha ruht, und streckt —
Betäubt ermattet jeder Sinn —
Sich auf den grünen Rasen hin,
Der ihren Leichnam deckt;

Und dreymal weint er, voller Qual,
Und Myrtha's Name tönt dreymal
Durch alle Gräber her.
Er legt, indem er ihr noch ruft,
Die Wang an ihre kalte Gruft,
Und seufzt, und ist nicht mehr.

Eschenburg.

78. An ein paar Rosen.

Die ihr, gebrochen von den schönsten Händen,
Den schönsten Busen schmückt, o wie beneid ich euch!
Nach einem Tage wird erst euer Glück sich enden,
Und ich, ich stürbe gleich!

P.

[167] **An den Traum.**

Du Schwärmer um die Ruhebetten
    Auf Moos und Pflaum,
O Brüderchen der Amoretten,
    Geliebter Traum;
Wo fandest du, sie nachzubilden,
    Den Stoff so fein? —
In überirdischen Gefilden
    Gewiß allein!

Zu freundlich nur für Abelinen
    War dieses Bild;
Sie selber wäre nie erschienen
    So sanft und mild! —
Ha! fühlte sie wohl für mich Armen,
    Und für mein Leid? —
Nein! Nein! sie fühlet kein Erbarmen
    In Ewigkeit!

[168] O Traumgott, ist es noch dein Wille
    Mir wohlzuthun,
So wandle deine schöne Hülle,
    So kleide nun
Dich in ein Wesen, wie das Meine,
    Von Gram verzehrt,
Und wie ein Leidender erscheine,
    Der Trost begehrt!

Den Schatten gleich an Lethens Sträuchen,
    Die, bey der Nacht,
Durch Hallen und um Gräber schleichen
    In Trauertracht,
Mit hagrer Wang, und einer Mine,
    Die Gnade fleht,
Tritt hin zu dieser Abeline,
    Die mich verschmäht;

Und neige dich mit leisen Tönen
Zu ihrem Ohr!
35 Zähl ihr die Seufzer und die Thränen
Der Liebe vor;
[169] Und bring in Aufruhr ihr Gewissen!
Ihr Schlaf entflieh;
Und, schluchzend, unter Zährengüssen,
40 Erwache sie!

u.

80 Der Trinker.

Um Indiens köstliche Steine zu haben
Die Meere durchpflügen, und Berge durchgraben,
Spricht Damis, und schielet vergnügt nach dem Wein,
Scheint mir die verderblichste Thorheit zu seyn.
5 Beym brausenden Saft der erquickenden Traube,
Im kühlenden Schatten der grünenden Laube,
Hab ich hier, von keinen Gefahren geschreckt,
Mein ganzes Gesicht mit Rubinen bedeckt.

Hensler.

81 [170] Bey dem Tode seiner Geliebten.

Des Himmels Bürger, die erwählten Geister,
Die seelgen Seelen stelleten sich alle,
Denselben Tag, als meine Freundinn starb,
Erstaunt und ehrerbietig um sie her.

5 „O welches Licht, o welche neue Schönheit!"
So sagten sie. „Von jener dunkeln Erde
Stieg lang kein Geist in dieses Lichtbezirk
So rein, wie der, so hellgekleidet auf!"

Sie, sonder Stolz auf dieses wahre Lob,
10 Und froh, den Auffenthalt so schön zu ändern,
Trinkt sanftentzückt die neue Wonne, glüht
Von ihrer Seeligkeit, und lacht, und schimmert.

[171] Mit eins fall ich Ihr bey, da stirbt Ihr Schimmer;
Da sieht Sie nach mir um, und sucht und fragt
Wohl hundertmal die Engel, wo ich sey;
Und sagt: Sie warte mein, und scheint zu warten.

Mein Herz seitdem steht ganz dem Himmel zu,
Von wannen Sie, für Sehnsucht schmachtend, ruft:
„Verzögre nicht, mein Liebling! Diese Wonne
„Empfind ich nicht vollkommen ohne dich!"
O.

Frage ohne Antwort.

Was ist erschrecklicher, ein Leben auszustehn,
Worinn wir nichts als Qual und Jammer vor uns sehn,
Wie, oder eines zu vermissen,
Worinn wir nichts als von Vergnügen wissen?
Frh. v. N.

[172] ### Die Weinende Chloe.

Du weinest, liebste Chloe? Sieh, o sieh
Rings um dich die Natur in Sympathie!
Die kleinen süssen Vögel — sieh, sie singen
Nicht länger! neigen Haupt und Schwingen
So traurig nieder! — Jene Wolken wollen weinen,
Abneigend, schauernd, mischen zu den deinen
Auch ihre Thränen! Jene Bäche fliessen
So trauriger! So sanftermurmelnd giessen
Sie Seufzer in dein Ach! Sieh Schäferinnen,
Und Schäfer, wie von ihren Wangen rinnen
Des Mitleids zarte Thränen! — Zauberinn!
Phantastisch Mädchen! Allerweicherinn!
[173] So rühren kann bein holder, sanfter Schmerz
Denn Alles, Alles, und nicht dein liebehartes Herz?
O.

Das Band.

Dieß Band dient einem Götterkinde,
O Lalage, statt einer Binde;

Er nahms mit eignen Händen ab,
Und sagte, da er mir es gab:
Nimms, deine Lalage zu schmücken,
Und heute sey sie doppelt schön;
Ich will ihr Weigern, dein Entzücken,
Und meiner Siege schönsten sehn!

B.

85 [174] **An die Venus.**

Hymen.

Heil dir, Idalia,
Göttinn der Freuden!
Heil dir, Idalia,
Mutter der Welt!

Amor.

Auf deinem Wege blühn
Duftende Rosen;
Vor dir erheitert sich
Himmel und Meer!

Hymen.

Dein sind die zärtlichen,
Himmlischen Triebe;
Du machst die Sterblichen
Ewig beglückt!

[175] Amor.

Du führst, im göttlichen,
Lieblichen Gürtel,
Reiz und Gefälligkeit,
Schmachtende Lust!

Hymen.

Dir dankt, was Odem zieht,
Fruchtbare Fülle;

Durch dich verjünget sich
Froh die Natur!

Amor.

Du schufst den Mayenmond
Wonne zu schenken,
Die jeder lächelnde
Zephyr gebeut!

Amor und Hymen.

Dich fühlt, im Mayenmond,
Alles, was liebet,
Durch dich mit ewigen
Banden vereint!

J.

An eine Freundinn.

Wie mir, seit ich dich gefunden,
Freundinn, meine Zeit entschlüpft,
Und das Chor der jungen Stunden
Unter Rosen um mich hüpft;
Wenn, mit Zärtlichkeit verschwistert,
Freude, die im Busen wohnt,
Bald aus deinen Blicken flüstert,
Bald auf deiner Lippe thront;
Bey Geschwätzen, und beym Spiele
Mich dein Witz allein belebt,
Und zum Gipfel der Gefühle
Deine Silberstimme hebt;
So verfliesse dir das Leben,
Mit dem Kummer unbekannt,
Und den Parzen, die es weben,
Führe Liebe selbst die Hand,
Daß nur sparsam in die frischen,
Jugendlichen Farben sie,
Zum Bestand der Harmonie,
Einen dunklen Faden mischen!

G.

[177]   [Vignette]

Doris.

Das Abendroth rang mit der Dunkelheit,
Als ich, verloren in dem tiefsten Gram,
Noch einsam in der kleinen Laube saß,
Die mich so oft und meinen Schmerz verbarg.
5 Die dunkle Flur, von dem erbleichten Glanz
Des Mondes, und vom sanften Silberschein
Des Hespers kaum erhellt, erregt in mir,
[178] Indem mein stiller Blick sie oft durchlief,
Das zärtlichste Gefühl. — „Wie wareſt du,
10 Rief ich bewegt, mir sonſt Elyſium!
Ach, hätten sie, die so dich seegneten,
Die Götter, dir nicht deinen Schmuck geraubt,
So wäreſt du mir noch Elyſium!
Die schönste Blume, die in deinem Schooß
15 Mir blühete, sank, vor des Todes Hauch,
Der frühgebrochnen Rose gleich, dahin. = =
O Schickſal, wie so grauſam riſſeſt du,
Die meine Ruhe war, von mir hinweg!" —

Ich sprachs. Urplötzlich ſtand vor meinem Blick,
20 Jungfräulich schön, die reizendſte Geſtalt.
Ihr Haupt umwand ein Lorbeerzweig, ihr Haar
Floß auf die Bruſt herab, und ihr Gewand
War schön, wie jetzt die blühende Natur.
[179] Holdseelig lächelnd sprach sie: „Sterblicher,
25 Die Götter rührt die Thräne, die du oft,
Vertraut allein den ſtillen Büſchen, weinſt.
Sie senden mich, die lange dich geliebt,
Und, wenn zum Himmel sich dein Seufzer hob,
Oft diesen Raſenſitz umwandelte,
30 Zu deinem Troſt. Was wünſcheſt du dir? Sprich!" —

Die Freundlichkeit, mit der ihr Mund es ſprach,
Goß kühnen Muth in meine Blödigkeit.

Bescheiden fragt ich: „Wer, Unsterbliche!
(Denn du bist von der Erde Töchtern nicht,)
Wer sendete dich vom Olymp herab? —
Soll ich, eh noch der Kummer meinen Staub
Mit deinem Staube mischt, dich wiedersehn? —
O, wenn es deine Gottheit dir erlaubt,
[180] So gönne dieser Laube noch das Glück,
Sie zu beseeligen. Verweile hier,
Und sag, o Doris: ob noch Zärtlichkeit
Für uns in himmlischen Gemüthern glüht?" —

„Du Liebender! sprach sie, und lächelte,
Geh künftig nicht so oft zum Hügel hin,
Der, grünend, das verwesende Gebein
In sich begräbt. — Die Liebe glüht bey uns,
Nicht wie du hier in diesen Auen glühst. —
Wenn du dein Schicksal ohne Klagen trägst,
Und diesen Gram, der dich zerstöret, hemmst,
Dann machst du dich der höhern Liebe werth.
Du nennst mich Doris — Wiß, ich bin vom Chor
Der Nymphen, die in dieser Flur ein Gott
Erzeugte; die, als deine Väter sich
[181] Dem Meer vertrauten, und, voll Heldenmuth,
In Windsors Wald, am schönen Themsestrand,
Den reichen Sitz erkämpften, ihnen nach
Mit meinen göttlichen Gespielen flog.
Im Kampf begeisterte sie unser Lied,
Wir machten sie in Friedenskünsten groß,
Wir lehreten die Edlen den Gesang,
Der dich entzückt, und selbst die Götter rührt. —
Wie, wenn Aurora von des Himmels Stirn
Die letzte Dämmrung wischt, und Rosenduft,
Und Licht und Wonne sie umfließt, und Lust
Von allen Seiten tönt, so flohen dort
Der Britten und der Pikten Finsterniß,
Und Wissenschaft, und Tugend stralten hell.
Jetzt wollt ich mein Geburtsland wiedersehn,

Und forschen, ob der Väter Edelmuth
70 So ganz denn in der Enkel Busen schläft.
[182] Vom waldigten beschilften Strand der Schley*)
Kam ich in diesen Buchenhain herauf,
Und finde hier entzückt noch eine Brust,
Die von Gefühl und eblem Feuer wallt.
75 O! singe du den alten grossen Geist,
Den hohen Muth; die eblen Tugenden
Der Redlichkeit, der Freundschaft, die das Glück
Der Menschen baut, ohn Eigennutz und Stolz;
Den schönen Trieb zur Wissenschaft und Kunst,
80 Der unsre ganze Seel erhöht, wodurch,
Wie jene Flur, auch dies' ein Garten wird,
Und jede Hütt ein stiller Sitz des Glücks.
Ich war es, die in dir Empfindung, süß
Wie Frühlingshauch, und hohes Feuer goß;
85 Ich schwebt um dich bey kühler Abendluft,
Wenn säuselnd durch das Laub ein Zephyr fuhr,
Und von Begeisterung dein Busen schwoll;
[183] Ich gab dir Lieder ein, und schenke dir
Mein Saitenspiel, und einst, zum höhern Lohn,
90 Ein Mädchen, das mit Doris Liebe liebt." —
Sie sprachs, und schwang sich zum Olymp empor.
Thomsen.

88 An gewisse Frauenzimmer.

Ihr habt mir lange schon, ich sey nicht schön, gesagt;
Wie kömmt es, daß ihr mich noch immer damit plagt?
Hab ich mich je bemüht, die Sache zu bestreiten?
Ach, Schönen, quält mich nicht mit alten Neuigkeiten!
5 Ihr fühlt ja selbst, wie euch das Ding die Seele nagt,
Daß euch der Spiegel stets, was ihr mir sagtet, sagt.
C.

89 [184] Eine wahre Geschichte.

Der Kritikaster Stax schreibt, um berühmt zu seyn,

---

*) Der Fluß in Angeln, in dessen Gegend der Verfasser lebt.

Ein leeres Buch voll leerer Fratzen.
Man pfeift ihn aus. Der Welt zum Trotz berühmt zu
            seyn,
Setzt er ins eigne Fleisch die eignen Tatzen.

Er überweist sich selbst, doch freylich unbekannt,
Sein erstes Werk sey ziemlich schlecht gewesen:
Wir glaubens gern; ja, glauben noch dazu,
Auch selbst das zweyte lasse sich nicht lesen.

Er kömmt in Eifer, wiederhohlt: es sey
Sein erstes Werkchen wirklich ganz abscheulich.
Wir glauben mehr; denn wir sind überzeugt,
Das zweyt und dritte sey auch eben nicht erfreulich.

[185] Nun wird er grimmig, schont sich gar nicht mehr,
Nein, überhäuft sich selbst mit Schand auf Schande,
Und setzt es ausser allem Zweifel fest,
Er sey gewiß der dümmste Tropf im Lande.

Wahr ists, ein Schreiber, welcher elend schreibt,
Der Schmach verdient, kann schwerlich Ruhm erwerben,
Doch nie wohl sah man einen schlechtern Held,
Von schlechtern Händen, schlechter sterben.
           Wm.

Der Französische Fuß.
(Pied de Roi.)

Woher ist er so groß, der Königliche Fuß,
Daß jeder ihm an Länge weichen muß?
Wird man beym Gallier die größten Füsse sehen?
Das nicht; die schnellsten nur muß man ihm zugestehen.
          Kästner.

[186]   ### Das harte Mädchen.
[Mit Musik von Benda]

Ich sah so frey und wonnereich
Einst meine Tag entschlüpfen,

Wie Vögelchen von Zweig auf Zweig
Beym Morgenliede hüpfen.

Fragt jeden Sommerwind, der hier
Die Blumenau erfrischet:
Ob je ein Seufzer sich von mir
In seinen Hauch gemischet?

Fragt nur den stillen Bach im Klee:
Ob er mich klagen hörte?
Und ob von mir ein Thränchen je
Die kleinen Wellen mehrte?

Mein Auge schaute falkenhell
Durch meilenlange Räume,
Und, wie das Eichhorn, sprang ich schnell
Auf Felsen und auf Bäume.

So bald ich auf mein Lager sank,
Entschlief ich ungestöret:
Des Wächters Horn und Nachtgesang
Hat nie mein Ohr gehöret.

Nun aber ist mein Muth gefällt,
Und lechzendes Verlangen
Nach einem harten Mädchen hält
Mein armes Herz gefangen.

Nun hauch ich meine Seele schier
Erseufzend in die Winde,
Und girre kläglich hin nach ihr,
Gleich einem kranken Kinde.

Nun müssen Bach und Klee genung
Verliebter Zähren saugen,
Und graue Nebeldämmerung
Umzieht die matten Augen.

[188] Ich härme, ganze Nächte lang,
Auf schlummerlosem Lager,
Die welkenden Gebeine krank,
Die Wangen bleich und hager.

An meinem Leben nagt die Wut
Grausamer Seelengeyer;
Nagt Eifersucht, die nimmer ruht,
Und mein verschmähtes Feuer.

Das harte Mädchen sieht den Schmerz,
Und mehrt ihn dennoch stündlich.
O Liebe, kennest du ein Herz,
Wie dieses unempfindlich?

Ein einzig Lächeln voller Huld
Würd allen Kummer lindern,
Und ihre nicht erkannte Schuld
Bey Gott und mir vermindern.

[189] Mich weckte wohl ihr süsser Ton
Noch aus dem Grabe wieder;
Ja, wär ich auch im Himmel schon,
Er lockte mich hernieder!

U.

Phyllis und der Orangenbaum.
An eine Frau, die immer noch schön geblieben, ob sie gleich
Mutter einiger Kinder gewesen.

Ein allgemein Gesetz hat die Natur bekommen:
Blüht, Kinder, blüht, dann seyd an Früchten reich!
Nur den Orangenbaum und Phyllis ausgenommen,
Denn beyde tragen Frucht, und blühen doch zugleich.

Frh. v. K.

[190] ## Das Eine in der Natur.

Ihr kleinen Sterne dort bey Nacht,
Die, funkelnd unserm Angesicht,

Mehr Zahl als Glanz erschaulich macht,
Ihr Heere, denen Raum gebricht —
Was seyd ihr all am Sonnenlicht?

Ihr frühen Veilchen auf der Flur,
Die ihr in Purpurkleiderpracht,
Als Erstgeborne der Natur,
Um euch so stolz, so spröde lacht;
Was seyd ihr, wenn die Ros erwacht?

Ihr regen Sänger dort im Hain,
Mit tausendfachem, muntern Schall,
Als wäret ihr, so schwach, so klein,
Die Tonkunst alle. Allzumal,
Was seyd ihr zu der Nachtigall?

[191] So, wenn mit ihrem Götterblick,
Mein Mädchen eintritt in den Kreis
Der Schönen, und ihr Götterblick
Von aller Herrlichkeit nichts weiß;
Wer läßt, wer giebt ihr nicht den Preis?

M.

94 Bey dem Tode seiner Geliebten.

Von meiner himmlischen Rosette
Willst du ein Bild? — So denke dir
Die Schönheit, die bezwungen hätte,
Wenn auch die Huldgöttinnen ihr
Den Geist, die Anmuth nicht gegeben,
Die über Schönheit selbst erheben,
Und mehr als Schönheit fesseln kann.
Wie soll ich meine Leiden klagen?
Sie starb; ich betete sie an;
Was kann ich weiter sagen?

X.

95 [192] Der Rang.

Vor Zeiten, als am Hofe gar
Ein eignes Amt für Narren war,

Anstatt, daß sie in unsern Tagen
Dabey noch andre Würden tragen,
Kam eines Fürsten lustger Rath
Dem edlen Kanzler aus Versehen
Auf seiner rechten Hand zu stehen.
Hilf, Zevs! wie schäumte der Magnat!
So schäumt ein Aurochs im Gefechte.
Fort, sprach er, Schurke! Packe dich!
Ich lasse keinem Narrn die Rechte.
O, sprach der Hofnarr, aber ich;
Und sprang, mit einem losen Winke,
Dem Staatsminister auf die Linke.

Pfeffel.

[193] **Der Prinzeßinn von Wallis entgegengesungen, als sie ihre Vaterstadt besuchte.**

Nach einer englischen Weise.

Gotha. Im Sept. 1770.

O, theilet unsrer Lust Gefühl,
O, bringet Lied und Saitenspiel,
Das Fest, ihr Musen, zu begehn,
Wo wir Augusten wiedersehn!

Du Liebe für das Vaterland,
Du heiliges, du süsses Band,
Durch dich, durch dich ist es geschehn,
Daß wir Augusten wiedersehn!

[194] O Liebe für das Vaterland,
Komm, mit der Treue Hand in Hand,
Den Weg mit Blumen zu besä'n,
Wo wir Augusten wiedersehn!

Klagen schollen, da sie floh,
Von den Thälern, von den Höhn;

15 Freudenlieder schallen so,
Da wir Augusten wiedersehn.

Seht ihr nicht Menschenfreundlichkeit,
Und Hoheit, und Bescheidenheit,
Von Grazien begleitet, gehn,
20 Da wir Augusten wiedersehn?

Den König danket England ihr!
Wir gaben sie den Britten, wir!
Wie muß dieß unsre Lust erhöhn,
Da wir Augusten wiedersehn!

Gotter.

97[195] Lied.

Euch darf ichs sagen, stille Haine!
Und euch entdeck ich es alleine,
Daß Chloen nur mein Herze liebt.
Ein Engel ist sie, o ihr Haine,
5 Die mich entzücket und betrübt!
Wie kann ichs wagen,
Ihr je zu sagen,
Daß sie allein mein Herze liebt?

Heil mir! Ich habe sie gesehen.
10 Wenn, meine Glut ihr zu gestehen,
Gleich stets mein Schicksal mir verbeut.
Heil mir! Ich habe sie gesehen;
Und dieses schon ist Seeligkeit!
Für sie zu leiden
15 Giebt größre Freuden
Als Eine Freude dieser Zeit.

[196] Du seyst ein Seufzer, kannst du sagen,
Wird dich dein Fittig zu ihr tragen,
O Lüftchen! doch von wem nur nicht.
20 Du wardst vom Weinen, kannst du sagen,

O Bach, der sich durch Blumen flicht!
Doch wessen Zähren
Dich stündlich mehren,
Das sag ihr ja dein Murmeln nicht!

S.

Das Veilchen.
An Daphne.

Von Moos und Blättern ganz verhüllt,
Kriecht hier, der Demuth Ebenbild,
Das kleine Veilchen an der Erde;
Brichs, Kind, daß es, von dir gepflückt,
Und von der schönsten Brust gedrückt,
Die stolzeste der Blumen werde!

B.

Die Freyheit.

Endlich, endlich leb ich wieder,
Dank sey deinem Unbestand!
Endlich sahn die Götter nieder
Auf die Qual, die ich empfand!
Abgeschüttelt ist, Selinde,
Meine Fessel, meine Binde;
Frey der Geist, das Auge frey,
Und mein Glück nicht Phantasey!

Leer von Lieb ist jede Falte
Meines Herzens, kalt mein Blut;
Schwachheit lauscht im Hinterhalte
Nicht mehr in Gestalt der Wut,
Und bey deines Namens Klange
Klopft mein Busen nicht mehr bange;
Ich entfärbe jetzt mich nicht,
Seh ich dir ins Angesicht.

Wann der Schlaf mein Auge decket,
Schwebt dein Schatten nicht um mich;

Wann des Morgens Stral mich wecket,
Denk ich nicht zuerst an dich.
Einsam auf den weiten Fluren,
Such ich nicht mehr deine Spuren;
Du gewährst, bin ich bey dir,
Nicht Verdruß, nicht Freude mir.

Ich kann wieder von dir sprechen,
Und kein Seufzer hebt die Brust;
Ich gedenk an dein Verbrechen,
Keines Grolles mir bewußt,
Werde nicht verwirrt, und stehe
Zitternd da, wenn ich dich sehe,
Höre, selbst von dir, mit Ruh
Meinem Nebenbuhler zu.

Sieh verachtend auf mich Thoren,
Sprich mit mir voll süsser Kunst;
An mir ist dein Stolz verloren
Und verloren deine Gunst!
Sonst geschaffen zum Verführen,
Kann mich dieser Mund nicht rühren;
Mein entschloßnes Herz verlacht
Dieses Blickes Zaubermacht.

Freuden, die mich nun beseelen,
Dank ich nicht mehr deiner Huld;
Und an Sorgen, die mich quälen,
Ist Selinde nicht mehr Schuld.
Hain und Hügel, Bach und Weyde
Geben ohne dich mir Freude,
Und ein trauriger Pallast
Bleibt mir auch mit dir verhaßt.

Daß ich immer schön dich finde,
Sag ich ohne Schmeicheley,
Doch nicht länger, daß Selinde

Reizender als alle sey.
Bey so vielen sanften Zügen,
(Hör es nicht mit Mißvergnügen!)
Merk ich kleine Fehler da,
Wo ich sonst nur Schönheit sah.

[200] Schmerzen giengen mir ans Leben,
Mich ergrif des Todes Hand,
Als ich mir den Pfeil mit Beben
Aus dem wunden Herzen wand.
Doch, den Qualen zu entrinnen,
Selbst sich wieder zu gewinnen,
Sich vom Joche zu befreyn,
Werden alle Schmerzen klein.

So, von den verborgnen Stangen,
Reißt ein Vögelchen sich los,
Läßt am Leim die Federn hangen,
Flattert in der Freyheit Schooß;
Sein verlorenes Gefieder
Kömmt in wenig Tagen wieder;
Durch Erfahrung klug gemacht
Nimmt es künftig sich in Acht.

Glaubest du, die Liebe breche
Aus der Asche noch hervor,
Weil ich so von Freyheit spreche?
Reizet mein Triumph dein Ohr?
[201] Mich beweget zum Erzählen
Ein geheimer Trieb der Seelen;
Von vergangnen Leiden fern,
Schildert sie ein jeder gern.

Krieger schildern nach dem Streite
So das Schrecken der Gefahr,
Zeigen, statt der goldnen Beute,
Lächelnd ihre Narben dar.

So, von langer Qual entbunden,
Zeigt ein Sklave froh die Wunden,
Die ihm einst sein Wütrich schlug,
Und die Ketten, die er trug.

    Ich erzähle nur dem Winde,
Weil das Reden mich erfreut;
Unbekümmert, ob Selinde
Ihren Unbestand bereut.
Ob sie mein Geschwätze höret,
Ob es ihren Frieden störet,
Ob sie lachend von mir spricht,
Ob sie seufzet, frag ich nicht.

    Ungetreu ist, die ich fliehe,
Du verlierst ein treues Herz.
Wer vergißt mit leichtrer Mühe
Von uns beyden seinen Schmerz?
Sanft und redlich, wie die meine,
Findest du der Seelen keine;
Eine Falsche, die dir gleicht,
Falsches Mädchen, find ich leicht!

Gotter.

100   **Auf die vom Hofe verbannte Satire.**

    Ein feiner Spott, ein Hechelscherz
War sonst bey Hofe zugelassen:
Doch der verwundet nun das Herz,
Seitdem die Potentaten prassen.
Das Salz, das Griechenland geehrt,
Kann dieses Volks Geschmack erbittern;
Wär es nicht der Satire werth,
Es würde nicht davor erzittern!

O.

[203] **Die eilfte olympische Ode
des Pindar.**

Strophe.

Vielfach ist der Nutzen
Des Windes und des Regens,
Des himmelabtropfenden Sohnes der Wolken;
Dem aber Heldenarbeit gelang,
Sind honigsüßklingende Lieder   5
Quellen des Nachruhms,
Und theure Pfänder der Tugend.

Antistrophe.

Unerreichbar dem Neide
Ist dieses Lob
Olympia's Siegern geweiht,   10
Und mein Mund mags gern ausbreiten:
Denn durch Gott blühn in des Dichters Brust
[204] Stets weise Göttergedanken.
Drum soll auch itzt,
Vernimm es, Archestrates Sohn,   15
Denn deine Faust siegte,

Epodos.

Meine süßtönende Leyer
Den Kranz des goldnen Oelzweigs besingen,
Der deine Locken ziert,
Und die epizephyrischen Lokrier feyern.   20
Da führt festlich den Tanz auf!
Denn euch, Musen! euch schwör ichs,
Nicht ein ungastliches Volk besucht ihr,
Noch in der Höflichkeit frembe,
Sondern tiefsinniger Weisheit,   25
Und voll von kriegerischem Muthe:
Denn die Sitte, welche Natur gab,
Wandelt nie der feurige Fuchs,
Der gewaltigbrüllende Löwe nic!   **Grillo.**

102 [205] Vaterlandslied.*)

Ich bin ein deutscher Jüngling!
Mein Haar ist kraus, breit meine Brust;
Mein Vater war
Ein edler Mann; ich bin es auch!

Wenn mein Aug Unrecht siehet,
Sträubt sich mein krauses Haar empor,
Und meine Hand
Schwellt auf, und zuckt, und greift ans Schwert.

Ich bin ein deutscher Jüngling!
Beym süssen Namen Vaterland
Schlägt mir das Herz,
Und mein Gesicht wird feuerroth. —

Ich weiß ein deutsches Mädchen!
Ihr Aug ist blau, und sanft ihr Blick,
Und gut ihr Herz,
Und blau, o Hertha, blau ihr Aug!

Wer nicht stammt von Thuiskon
Der blicke nach dem Mädchen nicht!
Er blicke nicht,
Wenn er nicht von Thuiskon stammt!

Denn ihres blauen Auges
Soll sich ein edler Jüngling freun!
Sie soll geliebt,
Soll eines edlen Jünglings seyn!

Ich bin ein deutscher Jüngling,
Und schaue kalt und kühn umher,
Ob einer sey,
Der nach dem Mädchen blicken will.

Claudius.

---

*) S. Klopstocks Oden S. 274.

An Betty.

Zürnst du, daß ich deine Töne
Unterbrach durch einen Kuß.
Betty, süß sind deine Töne,
Aber süsser ist dein Kuß.

S.

An eine Freundinn.

Nein, meine Freundinn, noch kennst du mich nicht!
Das, was du siehst, ist was ich leide;
Ein Elend, welches unsre Pflicht
Sehr selten würzt mit wenig Freude,
Mit dem Vergnügen, Guts zu thun,
Den Raub der Mächtigen zu strafen,
Und, gegen die auf Sammet ruhn,
Dem Mann im Staube Recht zu schaffen.
Sonst wär es nicht der Mühe werth,
Von einem Volk, das nur den Thoren hört,
Mit dem Verlust von seinen besten Tagen,
Die undankbare Last zu tragen.

Ach! es ist nichts in dem Genuß der Welt,
Von einer, bis zur andern Hemisphäre,
Was Thoren sättigt, Denkenden gefällt,
Nichts in der Hoheit; wenig in der Ehre,
Und weniger in dem Besitz von Geld.
Viel glücklicher wird dem sein Leben fliessen,
Der, sonder Orden, sonder Amt,
Zum Sklaven nicht, und nicht zum Herrn verdammt,
Das was er hat, weiß zu geniessen.

Frh. v. N.

An den schlechten Komponisten eines schlechten Gedichts.

Mich wundert nicht, daß du so schlecht gesetzet hast.
Du weißts, ein Kieselstein wird nicht in Gold gefaßt.

Mylius.

Armyns Klagelied an Kirmor.
Ein altschottisches Gedicht.

Klagt, ihr schallenden Gestade,
Klagt um meiner Kinder Grab!
Kinder, mir zum Trost geboren,
Ach! sie sind, sie sind verloren;
Und mit Gram sink ich zur Gruft hinab!

Kirmor, du bist zu beneiden;
Deines Stammes Zweige blühn:
Konnar unter Heldensöhnen,
Annir unter allen Schönen:
Aber kinderlos stirbt dein Armyn!

Düster ist dein Bett, o Daura!
Tief im Grabe schlummerst du!
O, wann wirst du, Preis der Schönen!
Einst mit deinen Silbertönen
Auferwachen aus der langen Ruh?

Macht euch auf, des Herbstes Winde;
Stürmt auf schwarzer Hayde dort!
Ströme, stürzt euch von dem Gipfel
Schroffer Felsen, und im Wipfel
Alter Eichen brause, Sturmwind, fort!

Wandle durch zerrissne Wolken,
Blasser Mond, in stiller Pracht!
Laß mich, an bewölkten Höhen,
Halbverhüllt dein Antlitz sehen!
Wecke mir das Bild von jener Nacht;

Jener Nacht, der Nacht der Schrecken,
Die mich kinderlos gemacht!
Blut Arindels sah ich fliessen,
Daura starb zu seinen Füssen —
Sohn und Tochter nahm mir diese Nacht!

Schön war Daura, meine Tochter,
Weiß, wie frischgefallner Schnee,
Sanft, wie Hauch von Blumendüften,
Hergeweht von Frühlingslüften,
Lieblich, wie der Mond auf Jura's Höh!

[211] Tapfer war mein Sohn Arindel,
Drohend war sein Blick und wild!
Stark und sicher war sein Bogen,
Tödlich kam sein Pfeil geflogen,
Wie die Wetterwolke war sein Schild! —

Armor kam, ein Held im Kriege,
Bat um meine Daura mich;
Seiner Liebe sanfte Klagen
Wurden ihm nicht abgeschlagen,
Und, wer Daura kannte, freute sich.

Earch, der Falsche, dessen Bruder
Armor einst im Zweykampf schlug,
Kam, geführt von Rach und Neide;
Schön war er im Schifferkleide,
Schön der Nachen, den die Welle trug.

Der Verräther kam, gekleidet
Fälschlich als ein Sohn der See;
Er verbarg des Herzens Tücke;
Freundlich waren seine Blicke,
Und die Silberlocken weiß, wie Schnee.

[212] Komm, allerschönste Daura, komm!
 Sprach er mit List zu ihr.
Armyns geliebte Tochter, komm!
 Steig in den Kahn mit mir!

Siehst du das Eiland dort im Meer,
 Und drauf den Felsen stehn?
Hell glänzt der Fels vom weiten her,
 Schön ist das Eiland, schön!

Von diesem Eiland in dem Meer,
Von jenem Felsen dort,
Geliebte Daura, komm ich her,
Denn Armor wartet dort;

Dein Armor wartet dort auf dich,
Dort, Daura, siehst du ihn!
Dich abzuhohlen schickt er mich;
Komm, Tochter des Armyn!

Und sie gieng mit dem Verräther,
Daura gieng mit Odgall's Sohn.
Ihre Blicke suchten Armor;
Zärtlich rief sie: Armor! Armor!
Doch vergebens war ihr Silberton.

Armor! rief sie: mein Geliebter!
O, wo bist du, Arbeart's Sohn?
Gieb mir Antwort, Freund der Seele,
Daß ich mich nicht länger quäle! —
Aber Antwort gab der Felsensohn.*)

Armor! schrie sie: mein Geliebter!
Kenne deiner Daura Ton!
Oder, willst du mich nicht kennen?
Mich nicht mehr die Deine nennen? —
Und die Antwort gab der Felsensohn.

Nur vergebens war ihr Schreyen,
Nur umsonst ihr nasser Blick:
Aber Earch sprang in den Nachen,
Und entfloh, mit bitterm Lachen,
Nach dem Ufer im Triumph zurück.

Und mein Kind erhob die Stimme,
Wie sie sah den Falschen fliehn.

---

*) Das Echo.

Bruder! Vater! rief sie: rettet
Eure Daura! Rettet! Rettet!
Hilf, Arindel! rief sie: hilf, Armyn! 95

Der betrognen Unschuld Stimme
Kam schon stärker übers Meer.
Von der Jagd an jenen Hügeln,
Eilend auf der Rache Flügeln, 100
Lief Arindel, ihr zu helfen, her.

Pfeil und Bogen auf der Schulter
Rasselten bey jedem Schritt;
Sieben dunkelgraue Hunde,
Blutig von des Wildes Wunde, 105
Spielten um des Bogenschützen Tritt.

Er ergrif den Earch am Ufer,
Band ihn fest an einen Baum;
Und der Geissel schlanke Riemen
Färbten ihm den Leib mit Striemen, 110
Daß er brüllte durch den weiten Raum. —

[215] Hurtig lief mein Sohn zur Anfurth;
Sprang in des Verräthers Kahn;
Kam beherzt, durch Sturm und Wogen,
Sie zu retten, angeflogen, 115
Und schon fuhr er an den Felsen an.

Ach! da kam, im raschen Eifer,
Armor, seiner nicht bewußt,
Schwang den Stal, der nimmer irrte,
Daß er durch die Lüfte schwirrte, 120
Und er fuhr — Arindeln durch die Brust.

O, mein Sohn! Mein Sohn Arindel!
Statt des Räubers traf er dich!
An dem Felsen stand das Ruder.

Daura, sieh! Er ist's! dein Bruder!
Hingestreckt, durchboret, todt — für dich!
An ein Felsenstück gelehnet
Gab er auf den Heldengeist.
Daura saß zu ihren Füssen
Ihres Bruders Blut vergiessen;
Rief umsonst zurück Arindels Geist.

[216] Von den Wellen losgespület
Flog der Kahn, und scheiterte.
Armor wollte Ruhm erwerben,
Daura retten, oder sterben!
Unerschrocken sprang er in die See.

Und er schwamm — die See voll Mitleid
Trug ihn erst gedultig fort.
Plötzlich kam ein Sturm vom Hügel,
Schlug die Flut mit schwerem Flügel:
Armor sank vor meinen Augen dort.

Einsam auf dem öden Felsen
Weinte das verlaßne Kind.
Laut und kläglich war ihr Schreyen;
Niemand konnte sie befreyen;
Hohe Wogen thürmte schon der Wind.

An der schwerbestürmten Küste
Stand ich da die ganze Nacht;
Bey des Mondes blassem Scheine
Sah ich da mein Kind alleine
Hülflos jammern durch die ganze Nacht.

[217] Vom Tumult der Wasserwogen
Schallte das Gestad umher;
Und des Sturmwinds feuchter Flügel
Peitschte Regen an den Hügel,
Und die Wellen bäumten sich im Meer.

Gegen Morgen sank die Stimme
Meiner Tochter nach und nach.
Wie der Hauch von Abendlüften,
Wenn er durch die dürren Triften 160
Lispelnd rauscht, so war ihr letztes Ach.

Ja, sie starb vor Gram und Kummer,
Und ließ dich allein, Armyn!
Meine Daura, schön vor allen,
Meine Tochter ist gefallen, 165
Und mein Ruhm bey Helden ist dahin!

Wenn des Herbstes Winde brausen,
Und die Wogen treibt der Nord,
Setz ich mich oft an der Höhe
Dieses lauten Ufers, sehe 170
Nach dem unglücksvollen Felsen dort.

[218] Wenn der Mond, mein stummer Zeuge,
Gegen Westen sinkt ins Meer,
Kann ich bey dem Schimmer sehen
Meine Kinder wandern gehen; 175
Melancholisch gleiten sie daher.

Hand in Hand, sich unterredend,
Schwebt das blasse Nachtgesicht.
Theure Schatten! Könnt ihr reden?
Würdigt doch mich anzureden! — 180
Ach, sie kennen ihren Vater nicht!
       Crome.

Gesunder Ort. 107

Wahrhaftig ein gesunder Ort!
Er sah, schon ganzer dreyßig Jahre,
Nicht eines einzgen Staatsraths Baare;
Man schickt sie alle lebend fort.
       Frh. v. N.

108 [219] Auf ein paar Strumpfbänder.

Wir sind aus Amors Binde;
Dem zarten Götterkinde
Nahm jüngst der Musen Eine
Sie spottend vom Gesicht.
Die Binde ward zerrissen;
Mit herben Thränengüssen
Bat der betrübte Kleine:
Umsonst, man hörte nicht.

Die Muse bringt uns heute
Dir, artigste der Bräute!
O merk auf ihre Töne,
Und wirf uns nicht zurück!
Cupidens Haupt bekleiden
War Ruhm, war zu beneiden;
Doch hoffen wir, o Schöne,
Auf ein vollkommner Glück.

[220]
Nun wird dem Gott der Herzen
Der Raub nicht länger schmerzen,
Da, was sein Schmuck gewesen,
Dich, sanftes Mädchen, ziert.
Das angenehmste Leben
Wird er mit dem dir geben,
Dem, dir uns aufzulösen,
Das süsse Recht gebührt.

Schiebeler.

109 Die Regierung der Götter.

Im Winter fordert Boreas
Das Vorrecht ungestört zu wehen;
Im Lenz giebt Flora Blum und Gras,
Und Ceres läßt im Sommer mähen;
Im Herbst verehren wir Lyäen,
Er reicht uns seinen Weinstock dar;

Doch in dem weiten Reich der Ehen
Regiert Vulkan durchs ganze Jahr.

Hensler.

[221] **Trinklied.**

Wer, Vater Bacchus, deine Gaben
Durch Uebermaaß entehrt,
Den haben nicht die Musen, haben
Nicht Grazien gelehrt.
Er trinkt den Wein, nur um zu trinken, 5
Und sieht das Chor der stillen Freuden nicht,
Die jenem Sohn Apollens winken,
Aus dem die holde Suada spricht.

Wir aber, weiser Lust ergeben,
Bey voller Becher Klang, 10
Wir, Bacchus, würzen deine Reben
Durch Freundschaft und Gesang.
Wir feyern, mit vergnügtem Herzen,
Der Weisheit frohe Bacchanalien.
Sokratisch lachen, attisch scherzen, 15
Das lehrten uns die Grazien.

Ur.

[222] **An ein Fritzisches Klavier, das an Fräulein Henriette von Spiegel gesandt wurde.**

Ja, ja! vollkommnes Saitenspiel,
Schon hör ich deines Tones Pracht!
Schon faßt mich deine Zaubermacht;
Ich bin ganz Ohr, und ganz Gefühl!
Welch eine Harmonie erschallt, 5
Da Fleischers Hand dich rührt!
Ein ganzes Chor von Stimmen wallt,
Das in der Luft sanftrieselnd sich verliert,
Und jedes Herz entführt.

So geh denn hin zu der, die dich erschaffen hieß;
Begeistre sie, durch deinen Silberklang,
Zu manchem schmeichelnden Gesang,
Worinn Natur und Kunst sie unterwieß!

[223] Wenn dicker Nebel itzt den kahlen Hain versteckt,
Und der Einsiedeley ehrwürdger Buchenwald
Nicht mehr von Liedern wiederschallt;
Wenn hoher Schnee die holden Fluren deckt,
Wo unser Schäferlied das Echo sonst geweckt:
Dann laß ihr, durch Musik gelehrt,
Die langen Stunden schneller fliehn,
Bis Lenz und Freude wiederkehrt,
Und Hain und Fluren wieder blühn.
Der Abend höre dich, wenn itzt im kühlen West
Die Sonn ins Meer sich taucht;
Wenn vom Zitronenstrauch der Zephyr Ambra haucht,
Und Philomelens Schmerz das Thal erseufzen läßt.
Dann lauscht um dich die leichte Sylphenschaar,
Indem die Schöne spielt;
Und jeder Genius, der deinen Einfluß fühlt,
[224] Schwebt gaukelnd um ihr Haar.
Vielleicht daß dann, in stiller Sommernacht,
Durch deinen mächtgen Schall die Phantasie erwacht;
Vielleicht daß dann ihr Geist, der Körperwelt entrückt,
In helle Zauberscenen blickt,
Vielleicht daß er in Myrtenwäldern irrt,
Wo der, der ihre Gunst verdient,
Erröthend, sprachlos, und verwirrt,
Und zitternd, sich erkühnt,
Zu ihren Füßen kniet, die schöne Hand ihr küßt,
Und lauter Dankbarkeit, Lieb und Entzücken ist.

Zachariä.

112 [225] **Medon.**
Eine Idylle.

„Nun hab ich ihn!" So dachte bey sich selbst
Von allen schönen Töchtern

Des Obulus die schönste. „Schwestern, ja!"
So rief Lykorias, von Liebe trunken, laut,
Daß alle Muschelwände ihres gläsernen
Pallastes weit umher erschollen;
„Nun hab ich ihn! Seht ihr ihn nicht,
Wie er dort über die gefrorne glatte Fläche
Daher fliegt, rascher, als Adonis einst
Dem falschen Eber folgte, reizender als er?
O sagt, ob eines Jünglings Wange je
Von einem schönern Feuer glühte;
Ob Bacchus, jung und schön, und ob Apoll der Hirt
An Aug und Haar dem blonden Medon glich?
[226] Und hatte wohl der zarte Ganymedes
So einen küssenswerthen Mund,
Als Zevs, zur Zierde seines Himmels,
Ihn von der Erde nahm?
Der Thetis wundenfreyer Sohn
War nicht so jung, und so beherzt.
Und ihn, ihn hab ich nun, und er ist ewig mein!" —
Im Augenblick, ach ungewarnt!
Stürzt unter Medons Füssen
Der trügerische Boden ein.
Der arme Jüngling! Eben dacht er
Sein sterblich Mädchen, seine blonde Doris dacht er,
Die Krone seiner Flur, die ihn so zärtlich liebt,
So feurig und so treu, und die er wieder liebt
Noch zärtlicher und feuriger, und gleich getreu;
Sie dacht er, und, in dem Gedanken
Verloren, sank er in die kalte Flut.
Und, schneller als auf ein verirrtes Lamm,
Das, einen langen Erndtetag hindurch,
[227] Der Hirt umsonst auf allen Bergen,
Umsonst in jedem Busche sucht, aus Wolken
Der Adler stürzt, stürzt auf den Jüngling die Najade.
„Hab ich dich nun, um den ich oft
Mein schilfbekränztes Haupt aus blauen Wellen hob,
Hab ich dich nun erhascht,

40 Dich meinen Liebling?" — Itzt, itzt streckte sie nach ihm
Die weissen Arme schon inbrünstig aus;
Ihr schimmernd Auge schon, und ihre trunkne Seele
Verschlang die schöne Beute.
Er aber rang aus ihren feuchten Armen,
45 Denn Liebe machet stark,
Sich dreymal an das Sonnenlicht empor,
Und hob an seinem Stabe,
Dem Amor ungesehn des Stales Härte gab,
Sich aus der feuchten Flut,
50 Und gieng und flog dem sichern Ufer zu,
[228] Nicht ohne Furcht, bey jeglichem Geräusch,
Bey jedem lauten Hauch des Windes,
Es würde wiederum
Der Boden unter seinen Füssen brechen.
55 Der Hindinn gleich, die, schon in ihrer Freystatt,
Doch noch der Hunde Laut
In jedem rauschenden bewegten Büschchen hört,
Und, flattert wo ein Vögelchen empor,
Vor Furcht an allen Gliedern bebt.
60 Vergebens hob die Hände nun
Nach ihm die Obulib empor;
Vergebens schlug sie ihre Brust; vergebens
Zerstörte sie ihr wellenförmiges,
Meergrünes Haar, und ihren Binsenkranz;
65 Vergebens heulte sie ihm nach,
Daß alle Hügel rund umher,
Und der einsame Tannenwald
Aus seinen Tiefen heulete.

[229] Gerettet stand am Ufer schon
70 Der frohe Jüngling, stand, und schaute
Mit Blicken, die sein ganzes
Dankbares Herz enthüllten,
Gen Himmel auf, zum Sitze der Unsterblichen,
Und hörte nicht, was hinter ihm
75 Die wütende verzweiflende Najade heulte,
Und flog der nahen Hütte zu.

Wie war dir, Doris, da
Du deinen Liebling, deinen Medon wiedersahst?
Von welcher nieempfundnen Regung klopfte
Dir da bein Herz? Schien er, der Flut 80
Entgangen, dir zum andernmale nicht
Gewonnen? nun nicht noch einmal so theuer?
O, dank es allen guten Göttern, die der Schutz
Der schönen Unschuld, und der treuen Liebe sind;
Dank es dem Retter Amor 85
Dein ganzes Leben durch! —
        Blum.

[230]   Das Kind.   113

Die Zukunft ist für uns, wie die vergangne Zeit,
Ein Namen ohne Wirklichkeit.
Schon der Moment, der diesen Reim geboren,
Geht für den Lesenden verloren.
Nur in der Gegenwart, die wie ein Strom zerfließt, 5
Bestehet der Genuß, der wirklich ist;
Den zu erhaschen und zu heften wissen,
Heißt seiner Existenz genießen.
Doch wer genießt sie so? wer ist so frey gesinnt?
Kein Prinz, kein Philosoph, sonst niemand als ein Kind. 10
        Frh. v. R.

Verzeichnis der Gedichte.

Seite

A – **Claudius**, Matthias
  Phidile, eine Romanze . . 77

B – **Bote**, Heinrich Christian
  Amor 27

  An die Rose. Nach dem Bernard 86
  Das Band 173
  Das Veilchen. An Daphne . 196

von **Bismarck**, Adam August Heinrich
  Lalage 12

Blum, Joachim Christoph
  Daphnis und Phyllis. Eine Idylle 15
  Medon. Eine Idylle . 225

Claudius, Matthias
  An die Nachtigall . . 21

  Als Daphne krank war . . 33
  Vaterlandslied . . . 205
  Aus dem Wandsbecker Boten, einer Zeitung, woraus wir noch viele schöne Stücke hätten entlehnen können, und und der wir auch um dess willen hier gedenken, weil wir Dank zu verdienen glauben, wenn wir diejenigen von unsern Lesern, die sie noch nicht kennen, aufmerksam darauf machen.

Crome, Ludwig Gottlieb
  Armyns Klagelied an Kirmor.
  Ein altschottisches Gedicht 209

Denis, Michael
  Sineds Gesicht. Rhingulphen, dem Freunde der Geister, gewidmet 65

Dr. – v. **Döring**, Johann
  Sibylla ein Schwan . . 5

E – **Ebert**, Johann Arnold
  Der alternde Dichter an die schöne Louise, bey ihrem Geburtstage . . . 104

Eschenburg, Johann Joachim
  Lied. Aus der Operette Hannchen und Lukas . . . 45

Address-Comtoir-Nachrichten 1770, Nr. 28. S. 222. Sämmtliche Werke. Hamburg 1775. 1 u. 2 S. 54.

Nach einem Madrigal des Mr. le C. de B. à Mad. la M. de P***. (Bernis.)

Nach Desmarais. Vergl. Vossischer Musenalmanach 1790, 172 B.

Sämmtliche Gedichte. Leipzig 1776. 2. 275.
2, 270.

Wandsbecker Bothe 1771 No. 70. Sämmtliche Werke. Hamburg 1775. 1 u. 2 S. 56.
No. 24. S. 200.
No. 65. S. 208.

Unterhaltungen IV. Julius 1767. S. 1001. Gedichte. Leipzig 1795 S. 44.

	Seite	
Elegie an Dorinde. Aus dem Wandsbecker Boten. [1771 No. 42.] Von dem Hrn. Verf. verbessert	62	
Lykas und Myrtha. Nach Mallet's vortreflicher Romanze Margaret's Ghost	161	
F l l Die Nachbarinn	127	
G = G o t t e r, FriedrichWilhelm An Madam Henselinn, als der Verfasser sie zum erstenmale spielen sah	85	Knebels Nachlass 2, 109.
An eine Freundinn	176	Gedichte. Gotha 1787. 1, 164.
G l e i m,JohannWilhelmLudwig Ueber Gottes Allgegenwart. In ein Exemplar der Oden nach dem Horaz für den ländlichen Dichter Thomsen	119 142	
G o t t e r, Friedrich Wilhelm Die Freundschaft	113	Gedichte. Gotha 1787. 1, 5.
Blaubart. Eine Romanze. Aus den Contes de ma mère l'Oie	129	47.
Der Prinzessin vonWallis entgegengesungen, als sie ihre Vaterstadt besuchte	193	Knebels Nachlass 2, 109. —
Die Freyheit. Nach dem Metastasio	197	205.
G r i l l o, Friedrich Die eilfte olympische Ode des Pindar	203	
H e n s l e r der jüngere, Peter Wilhelm		Gedichte. Altona 1782.
Fragment eines Gesprächs	32	S. 29.
Räthsel	41	(Nach der Chanson, Almanach des Muses 1767, 22.) 27.
Die stumme Geschminkte	61	22.
Grabschrift	70	43.
Auf eine gewisseUebersetzung des Horazes	96	(Nach Monnoye) 25.
Cornar	112	22.
Reliquien	118	21.
Der junge Dichter	141	40.
Der Trinker	169	24.
Die Regierung der Götter	220	31.
I = N i c o l a i, Friedrich Die Rose, eine Fabel	79	Nicolai an Lessing 13. Aug. 1757.
Punchlied	143	Nicolai an Lessing 24. April 1777. Arien und Lieder der komischen Operette: Der verliebte Schulmeister in drey Aufzügen. Aus-* geführt am Geburtsfeste einer geliebten Mutter. Im 14. Wintermonats 1766 o. O.

	Seite	
An die Venus	174	

v K.— v. Knebel, Karl Ludwig
Die Kinderliebe . . . 83 — Von einem Freunde Knebels, nach Knebels Brief an Boie, 19. December 1771.
Die Wohllust 106

Karschin, Anna Louise
An eine Freundinn des Theaters 53

Kästner, Abraham Gotthelf
Die reisenden Deutschen . 72 — Verm.Schriften Band 2. Altenburg 1772. S. 269.
Der Deutsche . . . . 110 — 228.
Der französische Fuss . . 185 — 230.

Kleon -- Kretschmann, Karl Friedrich
An Nais . . . . . 49 — Fehlt in Kretschmanns Werken; vgl. aber 5, 42.

Kr. Kretschmann, Karl Friedrich
Grabschrift . . 88 — Sämmtliche Werke. Leipzig 1784. 2, 270.

L
Der Traum 64

Lessing, Gotthold Ephraim
Der Schiffer. Eine Erzählung 26 — Neue Hamburger Zeitung 1767 St. 140. Vermischte Schriften 2, 78.

M —Herder, Johann Gottfried
Der Verliebte . . . . 138 — Silbernes Buch S. 135.
Süsser Wahn . . . . 160 — S. 91.
Das Eine in der Natur . . 190 — S. 136. Volkslieder 2, 279.

Mylius, Christlob
An den schlechten Komponisten eines schlechten Gedichts . . . . . 208 — Vermischte Schriften, gesammelt von G. E. Lessing. Berlin 1754. S. 594.

N Jacobi, Johann Georg
An einen Freund . . . 14 — Teutscher Merkur 1773. 1, 27.

NN — Niemann in Hannover
An Kallisten . . . . 139 — Iffland an Bürger 11. März 1773 in Westermann's Monatsheften 32, 189 S. 321.

Frh. v. N. — v. Gemmingen. Eberhard Friedrich
An seine Freunde . . . 84
An einen Freund, der bey den Ruinen von Hohenstaufen wohnte 100
Der Kater 128
Das Gift 144
Auf einer Reise über das Schlachtfeld von Friedberg 145
Frage ohne Antwort . . 171

	Seite	
Phyllis und der Orangenbaum	189	
An eine Freundinn	207	
Gesunder Ort	218	
Das Kind	230	
Nais an Kleon (Kretschmann)		
O — Herder, Johann Gottfried		
Das Geschrey der Kabale	126	Zerstreute Blätter 3, 61.
Wein und Wasser	159	Nach Prior 1. 189. From the Greek Silbernes Buch S. 134.
Die weinende Chloe. Nach dem Prior	172	Prior 1, 67.
P — Parz, Ernst Ludwig		
Auf Schneemilchs Tod	56	Gemeinnützige Hamburgische Anzeigen 69. St. Sonnabends den 16. Juni 1770 ohne Namen. Knebels Nachlass 2, 116.
Lied	71	
PB Boie, Heinrich Christian		
Die Braut	52	Nach Sablière.
Pfeffel, Gottlieb Conrad		
Der Rang	192	Poetische Versuche 5. Auflage. Tübingen 1816. 1, S. 74.
Q Götz, Johann Nikolas		
Das Vergnügen	6	Vermischte Gedichte, herausgegeben von K. W. Ramler. Mannheim 1785. —
Lob der Gottheit	34	—
An einen Prediger, der sich zugleich als Arzt in seinem Kirchspiele gebrauchen liess	76	2, 232.
An die Bienen, den Esel Silens zu bestrafen	97	234
An den Fabullus	125	232.
Verse beyGelegenheit der Aufnahme eines schönenGeistes unter die vierzig besoldeten Mitglieder der französischen Akademie	156	3. 195.
Bey dem Tode seiner Geliebten	170	—
An gewisse Frauenzimmer	183	191.
Auf die vom Hofe verbannte Satire	202	187. Nach La Fare. Vgl. Herder 29, 318.
Ramler, Karl Wilhelm		
Ode an die Könige	1	Unterhaltungen 10. 300. Wandsbecker Bothe 1771, Nr. 51. Almanach der deutschen Musen 1772, 86. PoetischeWerke. Berlin 1800. 1, 54.
Nach einer verbesserten Handschrift des HerrnVerfassers.		
Ode an Philibert	81	1, 111.
Rauffseisen, Philipp Ernst, gegenwärtiger gemeiner Musketier bey demRegiment des Prinzen Ferdinand von Preussen zu Ruppin		Rauffseysens Gedichte, nach dem Tode des Verfassers herausgegeben vonDannovius.Berlin1782.
Der Selbstmörder	28	S. 263.

	Seite	
Der Barde Rhingulph Kretschmann, Karl Friedrich		
Frühlingslied	7	Sämmtliche Werke. Leipzig 1784. 2, 232.
S Schmitt, Friedrich		
An Thersites	11	Gedichte. Nürnberg 1779. -
Lied	195	11.
An Betty	205	—
Schieboler, Daniel		
Auf ein paar Strumpfbänder	219	Auserlesene Gedichte. Herausgegeben von Johann Joachim Eschenburg. Hamburg1773.S 164.
Schmitt, Friedrich		
An die weisse Rose	42	Gedichte. Nürnberg 1779. S. 13.
Petrarchische Ode	89	58.
Thomsen, Johann Hinrich, Schulmeister zu Kyus im Lande Angeln		
An den Morgen	111	Johann Hinrich Thomsen nebst Proben seiner Dichtkunst. Herausgegeben von Hans Jessen. Kopenhagen 1783. S. 28.
Doris	177	—
U Bürger, Gottfried August		
Das Dörfchen	149	Gedichte. Göttingen 1778. (Nach Bernard, Le Hameau. Almanach des Muses 1767, 9.) S. 55.
Der Traum	167	40.
Das harte Mädchen	186	36.
Ur =- Unzer, Ludwig August		
Trinklied	221	Versuche in kleinen Gedichten. Halberstadt 1772. S. 17.
V = Voss, Johann Heinrich		
Die Rückkehr	122	Unterzeichnet Vss. Knebels Nachlass 2, 110.
Vn		
An den Herrn Sekr. K. in H.	157	
Wm Nicolai, Friedrich		
An den Verfasser des Buches vom falschen Religionseifer	99	Vgl. Nicolai an Zimmermann 14. März 1772 in Bodemann, J. G. Zimmermann. Hannover 1878. S. 302.
Wahre Geschichte	184	
X		
Bey dem Tode seiner Geliebten	191	
Y = Bole, Heinrich Christian		
Die Schwestern	80	
An ein paar Rosen	166	Nach Cassagne.
Z - Bole, Heinrich Christian		
Moral	44	
Der Vetter	124	Nach Sablière.

	Seite	
Als Daphne Blindekuh spielte	148	Vgl. Vossischer Musen-Almanach 1783 62 X.
Zachariä, FriedrichWilhelm Auf die Vermählung des Königs von Dänemark	23	
Das arkadische Thal	73	
An ein Fritzisches Klavier, das an Fräulein Henriette von Spiegel gesandt wurde	222	

Nachricht.

Die vielen und unerwarteten Beyträge die der Herausgeber dieser Sammlung zu erhalten das Glück gehabt hat, werden ihm die Fortsetzung derselben leichter machen, als der Anfang gewesen ist. Sie wird inskünftige jedesmal mit dem Anfang des Novembers erscheinen, und diejenigen, die sie mit ihren Beyträgen beehren wollen, werden gebeten, die Einsendung derselben nicht zu sehr zu verzögern. Selbst diese Sammlung hat einige vortrefliche Stücke weniger, weil man sie zu spät erhalten.

Druckfehler.

[Im vorliegenden Neudruck bereits verbessert.]